中国资产评估准则
（2017）

中国资产评估协会　编

中国财经出版传媒集团
经济科学出版社
Economic Science Press

图书在版编目（CIP）数据

中国资产评估准则．2017/中国资产评估协会编．
—北京：经济科学出版社，2017.6（2023.7 重印）
ISBN 978-7-5141-7613-1

Ⅰ.①中…　Ⅱ.①中…　Ⅲ.①资产评估-规则-中国-2007　Ⅳ.①F123.7-65

中国版本图书馆 CIP 数据核字（2017）第 319597 号

责任编辑：于海汛
责任校对：刘　昕
责任印制：潘泽新

中国资产评估准则（2017）
中国资产评估协会　编
经济科学出版社出版、发行　新华书店经销
社址：北京市海淀区阜成路甲 28 号　邮编：100142
总编部电话：010-88191217　发行部电话：010-88191522
网址：www.esp.com.cn
电子邮件：esp@esp.com.cn
天猫网店：经济科学出版社旗舰店
网址：http://jjkxcbs.tmall.com
北京季蜂印刷有限公司印装
787×1092　16 开　13 印张　310000 字
2017 年 9 月第 1 版　2023 年 7 月第 7 次印刷
ISBN 978-7-5141-7613-1　定价：45.00 元
（图书出现印装问题，本社负责调换。电话：010-88191510）

前　言

20多年来，我国资产评估行业在国家改革开放和市场经济建设中发挥了重要作用。2016年，《资产评估法》的发布实施，开启了资产评估行业依法治理的新时代。

财政部党组书记、部长肖捷高度重视资产评估行业发展，在致中国资产评估协会第五次全国会员代表大会贺信中指出，资产评估是现代高端服务业，是经济社会发展中的重要专业力量，是财政管理中的重要基础工作，要大力推进资产评估制度建设，促进行业规范健康发展。

资产评估准则是资产评估行业规范健康发展的重要基础。十多年来，财政部和中国资产评估协会为了更好地指导和规范资产评估执业行为，建立了较为完善的资产评估准则体系。这些准则规定了评估执业行为和职业道德行为的要求，覆盖了主要市场领域和主要的执业流程，实现了与国际评估准则在基本理念、专业术语、评估方法等方面的趋同。准则施行多年来，得到了评估界、委托人和有关政府部门的普遍认可，在规范评估执业行为，保护相关当事人合法权益和公共利益，提升行业专业服务能力和公信力方面，发挥了重要作用。

《资产评估法》强调了资产评估的专业特性和评估准则的重要性，赋予了评估准则法律效力，确立了评估准则的法律地位，对评估准则建设提出新的更高的要求。

为贯彻落实《资产评估法》，践行法律赋予的责任，促进资产评估行业依法执业，财政部组织中国资产评估协会对评估准则进行了全面修订。财政部党组成员、部长助理许宏才同志非常重视准则在规范资产评估行为、服务行业监管中的作用，多次做出重要指示，要求修订工作要与资产评估法衔接、与86号令对接，要重视主要监管部门和行业的意见，并且在准则定位、准则内容上给予了具体指导。

在部领导重视和指导下，在各有关方面的大力支持和共同努力下，资产评估准则全面修订工作顺利完成。财政部于2017年8月23日发布了《资产评估基本准则》。除《文化企业无形资产评估指导意见》发布时间较短暂缓修订外，中国资产评估协会于2017年9月8日发布了修订后的25项资产评估执业准则和职业道德准则，并于2017年10月1日起施行。

新的资产评估准则体系包括财政部制定的资产评估基本准则和中国资产评估协会根据资产评估基本准则制定的资产评估执业准则和职业道德准则。资产评估执业准则共25项，包括具体准则11项、指南5项和指导意见9项；职业道德准则1项。

为保证准则的有效性，满足行业执业和监管的需求，中国资产评估协会将建立和完善资产评估准则更新机制，根据国内外评估市场、法律法规和评估理论和实践变化继续及时修订完善评估准则体系。

资产评估准则修订工作得到了相关各方的重视、关心和支持。在此谨对长期以来关心和支持资产评估准则建设的财政部、国资委、证监会等部门，高等院校、企事业单位以及社会各界表示衷心感谢！对关心和支持中国资产评估准则建设的国际评估准则理事会、世界评估组织联合会等国际、国家和地区评估组织表示衷心感谢！对长期以来热爱资产评估事业、积极参与准则建设、为准则建设付出心血和智慧的各方面各领域的领导、评估机构专家、高等院校学者和有关工作人员等致以崇高的敬意！

为促进资产评估准则的有效实施，现将资产评估基本准则、执业准则和职业道德准则汇编出版，供大家学习和参考。对现行资产评估准则的意见和建议，请及时向中国资产评估协会反映。

中国资产评估协会

2017 年 9 月

目　录

资产评估基本准则

2017 年 8 月 23 日　财资〔2017〕43 号

第一章　总　　则

第一条　为规范资产评估行为，保证执业质量，明确执业责任，保护资产评估当事人合法权益和公共利益，根据《中华人民共和国资产评估法》《资产评估行业财政监督管理办法》等制定本准则。

第二条　资产评估机构及其资产评估专业人员开展资产评估业务应当遵守本准则。法律、行政法规和国务院规定由其他评估行政管理部门管理，应当执行其他准则的，从其规定。

第三条　本准则所称资产评估机构及其资产评估专业人员是指根据资产评估法和国务院规定，按照职责分工由财政部门监管的资产评估机构及其资产评估专业人员。

第二章　基本遵循

第四条　资产评估机构及其资产评估专业人员开展资产评估业务应当遵守法律、行政法规的规定，坚持独立、客观、公正的原则。

第五条　资产评估机构及其资产评估专业人员应当诚实守信，勤勉尽责，谨慎从业，遵守职业道德规范，自觉维护职业形象，不得从事损害职业形象的活动。

第六条　资产评估机构及其资产评估专业人员开展资产评估业务，应当独立进行分析和估算并形成专业意见，拒绝委托人或者其他相关当事人的干预，不得直接以预先设定的价值作为评估结论。

第七条　资产评估专业人员应当具备相应的资产评估专业知识和实践经验，能够胜任所执行的资产评估业务，保持和提高专业能力。

第三章　资产评估程序

第八条　资产评估机构及其资产评估专业人员开展资产评估业务，履行下列基本程序：明确业务基本事项、订立业务委托合同、编制资产评估计划、进行评估现场调查、收集整理评估资料、评定估算形成结论、编制出具评估报告、整理归集评估档案。

资产评估机构及其资产评估专业人员不得随意减少资产评估基本程序。

第九条　资产评估机构受理资产评估业务前，应当明确下列资产评估业务基本事项：

（一）委托人、产权持有人和委托人以外的其他资产评估报告使用人；

（二）评估目的；

（三）评估对象和评估范围；

（四）价值类型；

（五）评估基准日；

（六）资产评估报告使用范围；

（七）资产评估报告提交期限及方式；

（八）评估服务费及支付方式；

（九）委托人、其他相关当事人与资产评估机构及其资产评估专业人员工作配合和协助等需要明确的重要事项。

资产评估机构应当对专业能力、独立性和业务风险进行综合分析和评价。受理资产评估业务应当满足专业能力、独立性和业务风险控制要求，否则不得受理。

第十条　资产评估机构执行某项特定业务缺乏特定的专业知识和经验时，应当采取弥补措施，包括利用专家工作等。

第十一条　资产评估机构受理资产评估业务应当与委托人依法订立资产评估委托合同，约定资产评估机构和委托人权利、义务、违约责任和争议解决等内容。

第十二条　资产评估专业人员应当根据资产评估业务具体情况编制资产评估计划，包括资产评估业务实施的主要过程及时间进度、人员安排等。

第十三条　执行资产评估业务，应当对评估对象进行现场调查，获取资产评估业务需要的资料，了解评估对象现状，关注评估对象法律权属。

第十四条　资产评估专业人员应当根据资产评估业务具体情况收集资产评估业务需要的资料。包括：委托人或者其他相关当事人提供的涉及评估对象和评估范围等资料；从政府部门、各类专业机构以及市场等渠道获取的其他资料。

委托人和其他相关当事人依法提供并保证资料的真实性、完整性、合法性。

第十五条　资产评估专业人员应当依法对资产评估活动中使用的资料进行核查和验证。

第十六条　确定资产价值的评估方法包括市场法、收益法和成本法三种基本方法及其衍生方法。

资产评估专业人员应当根据评估目的、评估对象、价值类型、资料收集等情况，分析上述三种基本方法的适用性，依法选择评估方法。

第十七条　资产评估专业人员应当在评定、估算形成评估结论后，编制初步资产评估报告。

第十八条　资产评估机构应当对初步资产评估报告进行内部审核后出具资产评估报告。

第十九条　资产评估机构应当对工作底稿、资产评估报告及其他相关资料进行整理，形成资产评估档案。

第四章　资产评估报告

第二十条　资产评估机构及其资产评估专业人员出具的资产评估报告应当符合法律、行政法规等相关规定。

第二十一条　资产评估报告的内容包括：标题及文号、目录、声明、摘要、正文、附件。

第二十二条　资产评估报告正文应当包括下列内容：

（一）委托人及其他资产评估报告使用人；

（二）评估目的；

（三）评估对象和评估范围；

（四）价值类型；

（五）评估基准日；

（六）评估依据；

（七）评估方法；

（八）评估程序实施过程和情况；

（九）评估假设；

（十）评估结论；

（十一）特别事项说明；

（十二）资产评估报告使用限制说明；

（十三）资产评估报告日；

（十四）资产评估专业人员签名和资产评估机构印章。

第二十三条　资产评估报告载明的评估目的应当唯一。

第二十四条　资产评估报告应当说明选择价值类型的理由，并明确其定义。

第二十五条　资产评估报告载明的评估基准日应当与资产评估委托合同约定的评估基准日一致，可以是过去、现在或者未来的时点。

第二十六条　资产评估报告应当以文字和数字形式表述评估结论，并明确评估结论的使用有效期。

第二十七条　资产评估报告的特别事项说明包括：

（一）权属等主要资料不完整或者存在瑕疵的情形；

（二）未决事项、法律纠纷等不确定因素；

（三）重要的利用专家工作情况；

（四）重大期后事项。

第二十八条　资产评估报告使用限制说明应当载明：

（一）使用范围；

（二）委托人或者其他资产评估报告使用人未按照法律、行政法规规定和资产评估报告载明的使用范围使用资产评估报告的，资产评估机构及其资产评估专业人员不承担责任；

（三）除委托人、资产评估委托合同中约定的其他资产评估报告使用人和法律、行政法规规定的资产评估报告使用人之外，其他任何机构和个人不能成为资产评估报告的使用人；

（四）资产评估报告使用人应当正确理解评估结论。评估结论不等同于评估对象可实现价格，评估结论不应当被认为是对评估对象可实现价格的保证。

第二十九条　资产评估报告应当履行内部审核程序，由至少两名承办该项资产评估业务的资产评估专业人员签名并加盖资产评估机构印章。

法定评估业务资产评估报告应当履行内部审核程序，由至少两名承办该项资产评估业务的资产评估师签名并加盖资产评估机构印章。

第五章　资产评估档案

第三十条　资产评估档案包括工作底稿、资产评估报告以及其他相关资料。

资产评估档案应当由资产评估机构妥善管理。

第三十一条　工作底稿应当真实完整、重点突出、记录清晰，能够反映资产评估程序实施情况、支持评估结论。工作底稿分为管理类工作底稿和操作类工作底稿。

管理类工作底稿是指在执行资产评估业务过程中，为受理、计划、控制和管理资产评估业务所形成的工作记录及相关资料。

操作类工作底稿是指在履行现场调查、收集资产评估资料和评定估算程序时所形成的工作记录及相关资料。

第三十二条　资产评估档案保存期限不少于十五年。属于法定资产评估业务的，不少于三十年。

第三十三条　资产评估档案的管理应当严格执行保密制度。除下列情形外，资产评估档案不得对外提供：

（一）财政部门依法调阅的；

（二）资产评估协会依法依规调阅的；

（三）其他依法依规查阅的。

第六章　附　　则

第三十四条　中国资产评估协会根据本准则制定资产评估执业准则和职业道德准则。资产评估执业准则包括各项具体准则、指南和指导意见。

第三十五条　本准则自 2017 年 10 月 1 日起施行。2004 年 2 月 25 日财政部发布的《关于印发〈资产评估准则——基本准则〉和〈资产评估职业道德准则——基本准则〉的通知》（财企〔2004〕20 号）同时废止。

资产评估职业道德准则

2017 年 9 月 8 日　中评协〔2017〕30 号

第一章　总　　则

第一条　为规范资产评估机构及其资产评估专业人员职业道德行为，提高职业素质，维护职业形象，根据《资产评估基本准则》制定本准则。

第二条　本准则所称职业道德是指资产评估机构及其资产评估专业人员开展资产评估业务应当具备的道德品质和体现的道德行为。

第三条　资产评估机构及其资产评估专业人员开展资产评估业务，应当遵守本准则。

第二章　基本遵循

第四条　资产评估机构及其资产评估专业人员应当诚实守信，勤勉尽责，谨慎从业，坚持独立、客观、公正的原则，不得出具或者签署虚假资产评估报告或者有重大遗漏的资产评估报告。

第五条　资产评估机构及其资产评估专业人员开展资产评估业务，应当遵守法律、行政法规和资产评估准则，履行资产评估委托合同规定的义务。

资产评估机构应当对本机构的资产评估专业人员遵守法律、行政法规和资产评估准则的情况进行监督。

第六条　资产评估机构及其资产评估专业人员应当自觉维护职业形象，不得从事损害职业形象的活动。

第三章　专业能力

第七条　资产评估专业人员应当具备相应的评估专业知识和实践经验，能够胜任所执行的资产评估业务。

第八条　资产评估专业人员应当完成规定的继续教育，保持和提高专业能力。

第九条　资产评估机构及其资产评估专业人员应当如实声明其具有的专业能力和执业经

验，不得对其专业能力和执业经验进行夸张、虚假和误导性宣传。

第十条　资产评估机构执行某项特定业务缺乏特定的专业知识和经验时，应当采取弥补措施，包括利用专家工作及相关报告等。

第四章　独　立　性

第十一条　资产评估机构及其资产评估专业人员开展资产评估业务，应当采取恰当措施保持独立性。

资产评估机构不得受理与自身有利害关系的资产评估业务。

资产评估专业人员与委托人、其他相关当事人和评估对象有利害关系的，应当回避。

第十二条　资产评估机构及其资产评估专业人员开展资产评估业务，应当识别可能影响独立性的情形，合理判断其对独立性的影响。

可能影响独立性的情形通常包括资产评估机构及其资产评估专业人员或者其亲属与委托人或者其他相关当事人之间存在经济利益关联、人员关联或者业务关联。

（一）亲属是指配偶、父母、子女及其配偶。

（二）经济利益关联是指资产评估机构及其资产评估专业人员或者其亲属拥有委托人或者其他相关当事人的股权、债权、有价证券、债务，或者存在担保等可能影响独立性的经济利益关系。

（三）人员关联是指资产评估专业人员或者其亲属在委托人或者其他相关当事人担任董事、监事、高级管理人员或者其他可能对评估结论施加重大影响的特定职务。

（四）业务关联是指资产评估机构从事的不同业务之间可能存在利益输送或者利益冲突关系。

第十三条　资产评估机构不得分别接受利益冲突双方的委托，对同一评估对象进行评估。

第五章　与委托人和其他相关当事人的关系

第十四条　资产评估机构及其资产评估专业人员不得以恶性压价、支付回扣、虚假宣传，或者采用欺骗、利诱、胁迫等不正当手段招揽业务。

资产评估专业人员不得私自接受委托从事资产评估业务并收取费用。

第十五条　资产评估机构及其资产评估专业人员不得利用开展业务之便，为自己或者他人谋取不正当利益，不得向委托人或者其他相关当事人索要、收受或者变相索要、收受资产评估委托合同约定以外的酬金、财物等。

第十六条　资产评估机构及其资产评估专业人员执行资产评估业务，应当保持公正的态度，以客观事实为依据，实事求是地进行分析和判断，拒绝委托人或者其他相关当事人的非法干预，不得直接以预先设定的价值作为评估结论。

第十七条　资产评估机构及其资产评估专业人员执行资产评估业务，应当与委托人进行必要沟通，提醒资产评估报告使用人正确理解评估结论。

第十八条　资产评估机构及其资产评估专业人员应当遵守保密原则，对评估活动中知悉的国家秘密、商业秘密和个人隐私予以保密，不得在保密期限内向委托人以外的第三方提供保密信息，除非得到委托人的同意或者属于法律、行政法规允许的范围。

第六章 与其他资产评估机构及资产评估专业人员的关系

第十九条 资产评估机构不得允许其他资产评估机构以本机构名义开展资产评估业务，或者冒用其他资产评估机构名义开展资产评估业务。

资产评估专业人员不得签署本人未承办业务的资产评估报告，也不得允许他人以本人名义从事资产评估业务，或者冒用他人名义从事资产评估业务。

第二十条 资产评估机构及其资产评估专业人员在开展资产评估业务过程中，应当与其他资产评估专业人员保持良好的工作关系。

第二十一条 资产评估机构及其资产评估专业人员不得贬损或者诋毁其他资产评估机构及资产评估专业人员。

第七章 附 则

第二十二条 资产评估机构及其资产评估专业人员在执行资产评估业务过程中，应当指导专家和相关业务助理人员遵守本准则相关条款。

第二十三条 本准则自 2017 年 10 月 1 日起施行。中国资产评估协会于 2012 年 12 月 28 日发布的《关于印发〈资产评估职业道德准则——独立性〉的通知》（中评协〔2012〕248 号）同时废止。

资产评估执业准则——资产评估程序

2017 年 9 月 8 日　中评协〔2017〕31 号

第一章　总　　则

第一条　为规范资产评估机构及其资产评估专业人员履行资产评估程序行为，保护资产评估当事人合法权益和公共利益，根据《资产评估基本准则》制定本准则。

第二条　本准则所称资产评估程序，是指执行资产评估业务所履行的系统性工作步骤。

第三条　执行资产评估业务，应当遵守本准则。

第二章　基本遵循

第四条　执行资产评估业务，应当遵守法律、行政法规和资产评估准则，履行适当的资产评估程序。

第五条　资产评估基本程序包括：明确业务基本事项；订立业务委托合同；编制资产评估计划；进行评估现场调查；收集整理评估资料；评定估算形成结论；编制出具评估报告；整理归集评估档案。

资产评估机构及其资产评估专业人员应当根据资产评估业务的具体情况以及重要性原则确定所履行各基本程序的繁简程度。

资产评估机构及其资产评估专业人员不得随意减少资产评估基本程序。

第六条　执行资产评估业务，因法律法规规定、客观条件限制，无法或者不能完全履行资产评估基本程序，经采取措施弥补程序缺失，且未对评估结论产生重大影响时，资产评估机构及其资产评估专业人员可以继续开展业务，对评估结论产生重大影响的，不得出具资产评估报告。

第七条　资产评估专业人员应当记录评估程序履行情况，形成工作底稿。

第三章　实施要求

第八条　资产评估机构受理资产评估业务前，应当明确下列资产评估业务基本事项：

（一）委托人、产权持有人和委托人以外的其他资产评估报告使用人；

（二）评估目的；

（三）评估对象和评估范围；

（四）价值类型；

（五）评估基准日；

（六）资产评估报告使用范围；

（七）资产评估报告提交期限及方式；

（八）评估服务费及支付方式；

（九）委托人、其他相关当事人与资产评估机构及其资产评估专业人员工作配合和协助等需要明确的重要事项。

第九条　资产评估机构应当对专业能力、独立性和业务风险进行综合分析和评价。受理资产评估业务应当满足专业能力、独立性和业务风险控制要求，否则不得受理。

第十条　资产评估机构受理资产评估业务应当与委托人依法订立资产评估委托合同，约定资产评估机构和委托人权利、义务、违约责任和争议解决等内容。

第十一条　资产评估专业人员应当根据资产评估业务具体情况编制资产评估计划，并合理确定资产评估计划的繁简程度。资产评估计划包括资产评估业务实施的主要过程及时间进度、人员安排等。

第十二条　执行资产评估业务，应当对评估对象进行现场调查，获取评估业务需要的资料，了解评估对象现状，关注评估对象法律权属。

现场调查手段通常包括询问、访谈、核对、监盘、勘查等。

资产评估专业人员可以根据重要性原则采用逐项或者抽样的方式进行现场调查。

第十三条　资产评估专业人员应当根据资产评估业务具体情况收集资产评估业务需要的资料。包括：委托人或者其他相关当事人提供的涉及评估对象和评估范围等资料；从政府部门、各类专业机构以及市场等渠道获取的其他资料。

第十四条　资产评估专业人员应当要求委托人或者其他相关当事人提供涉及评估对象和评估范围的必要资料。

资产评估专业人员应当要求委托人或者其他相关当事人对其提供的资产评估明细表及其他重要资料进行确认，确认方式包括签字、盖章及法律允许的其他方式。

第十五条　资产评估专业人员应当依法对资产评估活动中使用的资料进行核查验证。核查验证的方式通常包括观察、询问、书面审查、实地调查、查询、函证、复核等。

第十六条　超出资产评估专业人员专业能力范畴的核查验证事项，资产评估专业人员应当委托或者要求委托人委托其他专业机构出具意见。

因法律法规规定、客观条件限制无法实施核查验证的事项，资产评估专业人员应当在工作底稿中予以说明，分析其对评估结论的影响程度，并在资产评估报告中予以披露。如果上述事项对评估结论产生重大影响，资产评估机构不得出具资产评估报告。

第十七条　资产评估专业人员应当根据资产评估业务具体情况对收集的评估资料进行分析、归纳和整理，形成评定估算和编制资产评估报告的依据。

第十八条　资产评估专业人员应当根据评估目的、评估对象、价值类型、资料收集等情况，分析市场法、收益法和成本法三种资产评估基本方法的适用性，选择评估方法。

第十九条　资产评估专业人员应当根据所采用的评估方法，选取相应的公式和参数进行分析、计算和判断，形成测算结果。

第二十条　资产评估专业人员应当对形成的测算结果进行综合分析，形成评估结论。

对同一评估对象采用多种评估方法时，应当对采用各种方法评估形成的测算结果进行分析比较，确定评估结论。

第二十一条　资产评估专业人员应当在评定、估算形成评估结论后，编制初步资产评估报告。

第二十二条　资产评估机构应当按照法律、行政法规、资产评估准则和资产评估机构内部质量控制制度，对初步资产评估报告进行内部审核。

第二十三条　资产评估机构出具资产评估报告前，在不影响对评估结论进行独立判断的前提下，可以与委托人或者委托人同意的其他相关当事人就资产评估报告有关内容进行沟通。

第二十四条　资产评估机构及其资产评估专业人员完成上述资产评估程序后，由资产评估机构出具并提交资产评估报告。

第二十五条　资产评估机构应当对工作底稿、资产评估报告及其他相关资料进行整理，形成资产评估档案。

第四章　附　　则

第二十六条　本准则自 2017 年 10 月 1 日起施行。中国资产评估协会于 2007 年 11 月 28 日发布的《关于印发〈资产评估准则——评估报告〉等 7 项资产评估准则的通知》（中评协〔2007〕189 号）中的《资产评估准则——评估程序》同时废止。

资产评估执业准则——资产评估报告

2017年9月8日　中评协〔2017〕32号

第一章　总　　则

第一条　为规范资产评估报告编制和出具行为，保护资产评估当事人合法权益和公共利益，根据《资产评估基本准则》制定本准则。

第二条　本准则所称资产评估报告是指资产评估机构及其资产评估专业人员遵守法律、行政法规和资产评估准则，根据委托履行必要的资产评估程序后，由资产评估机构对评估对象在评估基准日特定目的下的价值出具的专业报告。

第三条　资产评估机构及其资产评估专业人员以“资产评估报告”名义出具书面专业报告，应当遵守本准则。

第二章　基本遵循

第四条　资产评估报告陈述的内容应当清晰、准确，不得有误导性的表述。

第五条　资产评估报告应当提供必要信息，使资产评估报告使用人能够正确理解评估结论。

第六条　资产评估报告的详略程度可以根据评估对象的复杂程度、委托人要求合理确定。

第七条　执行资产评估业务，因法律法规规定、客观条件限制，无法或者不能完全履行资产评估基本程序，经采取措施弥补程序缺失，且未对评估结论产生重大影响的，可以出具资产评估报告，但应当在资产评估报告中说明资产评估程序受限情况、处理方式及其对评估结论的影响。如果程序受限对评估结论产生重大影响或者无法判断其影响程度的，不得出具资产评估报告。

第八条　资产评估报告应当由至少两名承办该项业务的资产评估专业人员签名并加盖资产评估机构印章。

法定评估业务的资产评估报告应当由至少两名承办该项业务的资产评估师签名并加盖资产评估机构印章。

第九条　资产评估报告应当使用中文撰写。需要同时出具外文资产评估报告的，以中文资产评估报告为准。

资产评估报告一般以人民币为计量币种，使用其他币种计量的，应当注明该币种与人民币的汇率。

第十条　资产评估报告应当明确评估结论的使用有效期。通常，只有当评估基准日与经济行为实现日相距不超过一年时，才可以使用资产评估报告。

第三章　资产评估报告的内容

第十一条　资产评估报告的内容包括：标题及文号、目录、声明、摘要、正文、附件。

第十二条　资产评估报告的声明通常包括以下内容：

（一）本资产评估报告依据财政部发布的资产评估基本准则和中国资产评估协会发布的资产评估执业准则和职业道德准则编制。

（二）委托人或者其他资产评估报告使用人应当按照法律、行政法规规定和资产评估报告载明的使用范围使用资产评估报告；委托人或者其他资产评估报告使用人违反前述规定使用资产评估报告的，资产评估机构及其资产评估专业人员不承担责任。

（三）资产评估报告仅供委托人、资产评估委托合同中约定的其他资产评估报告使用人和法律、行政法规规定的资产评估报告使用人使用；除此之外，其他任何机构和个人不能成为资产评估报告的使用人。

（四）资产评估报告使用人应当正确理解评估结论，评估结论不等同于评估对象可实现价格，评估结论不应当被认为是对评估对象可实现价格的保证。

（五）资产评估机构及其资产评估专业人员遵守法律、行政法规和资产评估准则，坚持独立、客观、公正的原则，并对所出具的资产评估报告依法承担责任。

（六）资产评估报告使用人应当关注评估结论成立的假设前提、资产评估报告特别事项说明和使用限制。

（七）其他需要声明的内容。

第十三条　资产评估报告摘要通常提供资产评估业务的主要信息及评估结论。

第十四条　资产评估报告正文应当包括下列内容：

（一）委托人及其他资产评估报告使用人；

（二）评估目的；

（三）评估对象和评估范围；

（四）价值类型；

（五）评估基准日；

（六）评估依据；

（七）评估方法；

（八）评估程序实施过程和情况；

（九）评估假设；

（十）评估结论；

（十一）特别事项说明；

（十二）资产评估报告使用限制说明；

（十三）资产评估报告日；

（十四）资产评估专业人员签名和资产评估机构印章。

第十五条　资产评估报告使用人包括委托人、资产评估委托合同中约定的其他资产评估报告使用人和法律、行政法规规定的资产评估报告使用人。

第十六条　资产评估报告载明的评估目的应当唯一。

第十七条　资产评估报告中应当载明评估对象和评估范围，并描述评估对象的基本情况。

第十八条　资产评估报告应当说明选择价值类型的理由，并明确其定义。

第十九条　资产评估报告载明的评估基准日应当与资产评估委托合同约定的评估基准日保持一致，可以是过去、现在或者未来的时点。

第二十条　资产评估报告应当说明资产评估采用的法律依据、准则依据、权属依据及取价依据等。

第二十一条　资产评估报告应当说明所选用的评估方法及其理由。

第二十二条　资产评估报告应当说明资产评估程序实施过程中现场调查、收集整理评估资料、评定估算等主要内容。

第二十三条　资产评估报告应当披露所使用的资产评估假设。

第二十四条　资产评估报告应当以文字和数字形式表述评估结论，并明确评估结论的使用有效期。

评估结论通常是确定的数值。经与委托人沟通，评估结论可以是区间值或者其他形式的专业意见。

第二十五条　资产评估报告的特别事项说明包括：

（一）权属等主要资料不完整或者存在瑕疵的情形；

（二）未决事项、法律纠纷等不确定因素；

（三）重要的利用专家工作及相关报告情况；

（四）重大期后事项。

资产评估报告应当重点提示资产评估报告使用人对特别事项予以关注。

第二十六条　资产评估报告的使用限制说明应当载明：

（一）使用范围；

（二）委托人或者其他资产评估报告使用人未按照法律、行政法规规定和资产评估报告载明的使用范围使用资产评估报告的，资产评估机构及其资产评估专业人员不承担责任；

（三）除委托人、资产评估委托合同中约定的其他资产评估报告使用人和法律、行政法规规定的资产评估报告使用人之外，其他任何机构和个人不能成为资产评估报告的使用人；

（四）资产评估报告使用人应当正确理解评估结论。评估结论不等同于评估对象可实现价格，评估结论不应当被认为是对评估对象可实现价格的保证。

第二十七条　资产评估报告载明的资产评估报告日通常为评估结论形成的日期，可以不同于资产评估报告的签署日。

第二十八条　资产评估报告附件通常包括：

（一）评估对象所涉及的主要权属证明资料；

（二）委托人和其他相关当事人的承诺函；

（三）资产评估机构及签名资产评估专业人员的备案文件或者资格证明文件；

（四）资产评估汇总表或者明细表。

第四章　附　　则

第二十九条　本准则自2017年10月1日起施行。中国资产评估协会于2011年12月30日发布的《关于修改评估报告等准则中有关签章条款的通知》（中评协〔2011〕230号）中的《资产评估准则——评估报告》同时废止。

附：1. 资产评估报告封面参考样式

2. 资产评估报告封面参考样式说明

3. 资产评估报告声明参考样式

附 1

本资产评估报告依据中国资产评估准则编制

A 公司拟××涉及的 B 有限公司 YY

资产评估报告

××评报字（201×）第××××号

（共×册，第 1 册）

××××资产评估有限公司

201×年×月×日

附 2

编制依据
（参考格式，如：本资产评估报告依据中国资产评估准则编制）

资产评估报告标题

（格式要求："企业名称＋经济行为关键词＋评估对象＋资产评估报告"
参考格式，如：A 公司拟××涉及的 B 公司 YY 资产评估报告）

资产评估报告文号

（格式要求：包括资产评估机构特征字、种类特征字、年份、报告序号
参考格式，如：××评报字（201×）第××××号）

资产评估报告册数

（格式要求：包括装订总册数、装订序号
参考格式，如：共×册，第 1 册）

资产评估机构名称

（参考格式，如：×××资产评估有限公司）

资产评估报告日

（参考格式，如：2017 年 5 月 1 日）

附 3

声　明

1. 委托人或者其他资产评估报告使用人应当按照法律、行政法规规定和本资产评估报告载明的使用范围使用本资产评估报告；委托人或者其他资产评估报告使用人违反前述规定使用本资产评估报告的，本资产评估机构及资产评估专业人员不承担责任。

2. 本资产评估报告仅供委托人、资产评估委托合同中约定的其他资产评估报告使用人和法律、行政法规规定的资产评估报告使用人使用；除此之外，其他任何机构和个人不能成为本资产评估报告的使用人。

3. 本资产评估机构及资产评估专业人员提示资产评估报告使用人应当正确理解评估结论，评估结论不等同于评估对象可实现价格，评估结论不应当被认为是对评估对象可实现价格的保证。

（其他需要声明的内容在此参考样式略）

资产评估执业准则——资产评估委托合同

2017 年 9 月 8 日　中评协〔2017〕33 号

第一章　总　　则

第一条　为规范资产评估委托合同的订立、履行等行为，保护资产评估当事人合法权益和公共利益，根据《资产评估基本准则》制定本准则。

第二条　本准则所称资产评估委托合同，是指资产评估机构与委托人订立的，明确资产评估业务基本事项，约定资产评估机构和委托人权利、义务、违约责任和争议解决等内容的书面合同。

资产评估机构开展资产评估业务应当与委托人订立资产评估委托合同。

第三条　执行资产评估业务，应当遵守本准则。

第二章　资产评估委托合同的订立

第四条　资产评估机构受理资产评估业务应当要求委托人依法订立资产评估委托合同。

资产评估委托合同应当由资产评估机构的法定代表人（或者执行合伙事务合伙人）签字并加盖资产评估机构印章。

第五条　资产评估机构及其资产评估专业人员应当关注未及时订立资产评估委托合同开展资产评估业务可能产生的风险。如果因委托人等原因导致无法及时订立资产评估委托合同，资产评估机构及其资产评估专业人员应当采取措施保护自身的合法权益。

第三章　资产评估委托合同的内容

第六条　资产评估委托合同通常包括下列内容：

（一）资产评估机构和委托人的名称、住所、联系人及联系方式；

（二）评估目的；

（三）评估对象和评估范围；

（四）评估基准日；

（五）评估报告使用范围；

（六）评估报告提交期限和方式；

（七）评估服务费总额或者支付标准、支付时间及支付方式；

（八）资产评估机构和委托人的其他权利和义务；

（九）违约责任和争议解决；

（十）合同当事人签字或者盖章的时间；

（十一）合同当事人签字或者盖章的地点。

订立资产评估委托合同时未明确的内容，资产评估委托合同当事人可以采取订立补充合同或者法律允许的其他形式做出后续约定。

第七条　资产评估委托合同载明的评估目的应当表述明确、清晰。

第八条　资产评估机构应当与委托人进行沟通，根据资产评估业务的要求和特点，在资产评估委托合同中表述评估对象和评估范围。

第九条　资产评估委托合同应当明确资产评估基准日。

第十条　资产评估委托合同应当明确资产评估报告的使用范围。使用范围包括资产评估报告使用人、用途、评估结论的使用有效期及资产评估报告的摘抄、引用或者披露。

（一）资产评估委托合同应当明确资产评估报告使用人。如果存在委托人以外的其他使用人，资产评估委托合同应当明确约定。

资产评估委托合同应当约定，资产评估报告仅供资产评估委托合同约定的和法律、行政法规规定的使用人使用，其他任何机构和个人不能成为资产评估报告的使用人。

（二）资产评估委托合同应当约定，委托人或者其他资产评估报告使用人应当按照法律、行政法规规定和资产评估报告载明的使用目的及用途使用资产评估报告。

委托人或者其他资产评估报告使用人违反前述约定使用资产评估报告的，资产评估机构及其资产评估专业人员不承担责任。

（三）资产评估委托合同应当约定在载明的评估结论使用有效期内使用资产评估报告。

（四）资产评估委托合同应当约定，未经委托人书面许可，资产评估机构及其资产评估专业人员不得将资产评估报告的内容向第三方提供或者公开，法律、行政法规另有规定的除外。

（五）资产评估委托合同应当约定，未征得资产评估机构同意，资产评估报告的内容不得被摘抄、引用或者披露于公开媒体，法律、行政法规规定以及相关当事人另有约定的除外。

第十一条　资产评估委托合同应当约定完成资产评估业务并提交资产评估报告的期限和方式。

第十二条　资产评估委托合同应当明确资产评估服务费总额或者支付标准、计价货币种类、支付时间及支付方式，并明确资产评估服务费未包括的与资产评估服务相关的其他费用的内容及承担方式。

第十三条　资产评估委托合同应当约定，委托人应当为资产评估机构及其资产评估专业人员开展资产评估业务提供必要的工作条件和协助；委托人应当根据资产评估业务需要，负责资产评估机构及其资产评估专业人员与其他相关当事人之间的协调。

第十四条　资产评估委托合同应当约定，遵守相关法律、行政法规和资产评估准则，对评估对象在评估基准日特定目的下的价值进行分析和估算并出具资产评估报告，是资产评估机构及其资产评估专业人员的责任。

第十五条　资产评估委托合同应当约定，依法提供资产评估业务需要的资料并保证资料的真实性、完整性、合法性，恰当使用资产评估报告是委托人和其他相关当事人的责任；委托人或者其他相关当事人应当对其提供的资产评估明细表及其他重要资料的真实性、完整性、合法性进行确认，确认方式包括签字、盖章或者法律允许的其他方式；委托人和其他相关当事人如果拒绝提供或者不如实提供开展资产评估业务所需的权属证明、财务会计信息或者其他相关资料的，资产评估机构有权拒绝履行资产评估委托合同。

第十六条　资产评估委托合同应当约定，委托人提前终止资产评估业务、解除资产评估委托合同的，委托人应当按照已经开展资产评估业务的时间、进度，或者已经完成的工作量支付相应的评估服务费。

委托人要求出具虚假资产评估报告或者有其他非法干预评估结论情形的，资产评估机构有权单方解除资产评估委托合同。资产评估委托合同当事人可以约定由委托人按照已经开展资产评估业务的时间、进度，或者已经完成的工作量支付相应的评估服务费。

因委托人或者其他相关当事人原因导致资产评估程序受限，资产评估机构无法履行资产评估委托合同，资产评估机构可以单方解除资产评估委托合同；当事人可以在资产评估委托合同中约定由委托人按照已经开展资产评估业务的时间、进度，或者已经完成的工作量支付相应的评估服务费。

第十七条　资产评估委托合同应当约定当事人的违约责任。资产评估委托合同当事人因不可抗力无法履行资产评估委托合同的，根据不可抗力的影响，部分或者全部免除责任，法律另有规定的除外。

第十八条　资产评估委托合同应当约定资产评估委托合同履行过程中产生争议时争议解决的方式和地点。

第十九条　资产评估委托合同订立后发现相关事项存在遗漏、约定不明确，或者在合同履行中约定内容发生变化的，资产评估机构可以要求与委托人订立补充合同或者重新订立资产评估委托合同，或者以法律允许的其他方式对资产评估委托合同的相关条款进行变更。

第四章　附　　则

第二十条　以其他形式建立委托关系的，应当符合法律的要求。

第二十一条　本准则自 2017 年 10 月 1 日起施行。中国资产评估协会于 2011 年 12 月 30 日发布的《关于修改评估报告等准则中有关签章条款的通知》（中评协〔2011〕230 号）中的《资产评估准则——业务约定书》同时废止。

资产评估执业准则——资产评估档案

2017 年 9 月 8 日　中评协〔2017〕34 号

第一章　总　　则

第一条　为规范资产评估档案的形成及管理行为，保护资产评估当事人合法权益和公共利益，根据《资产评估基本准则》制定本准则。

第二条　本准则所称资产评估档案，是指资产评估机构开展资产评估业务形成的，反映资产评估程序实施情况、支持评估结论的工作底稿、资产评估报告及其他相关资料。

第三条　执行资产评估业务，应当遵守本准则。

第二章　工作底稿的编制

第四条　执行资产评估业务，应当遵守法律、行政法规和资产评估准则，编制工作底稿。

第五条　工作底稿应当反映资产评估程序实施情况，支持评估结论。

第六条　工作底稿应当真实完整、重点突出、记录清晰。资产评估机构及其资产评估专业人员可以根据资产评估业务具体情况，合理确定工作底稿的繁简程度。

第七条　工作底稿可以是纸质文档、电子文档或者其他介质形式的文档，资产评估机构及其资产评估专业人员应当根据资产评估业务具体情况谨慎选择工作底稿的形式。

第八条　工作底稿通常分为管理类工作底稿和操作类工作底稿。

管理类工作底稿是指在执行资产评估业务过程中，为受理、计划、控制和管理资产评估业务所形成的工作记录及相关资料。

操作类工作底稿是指在履行现场调查、收集评估资料和评定估算程序时所形成的工作记录及相关资料。

第九条　管理类工作底稿通常包括以下内容：

（一）资产评估业务基本事项的记录；

（二）资产评估委托合同；

（三）资产评估计划；

（四）资产评估业务执行过程中重大问题处理记录；

（五）资产评估报告的审核意见。

第十条　操作类工作底稿的内容因评估目的、评估对象和评估方法等不同而有所差异，通常包括以下内容：

（一）现场调查记录与相关资料，通常包括：

1. 委托人或者其他相关当事人提供的资料，如：资产评估明细表，评估对象的权属证明资料，与评估业务相关的历史、预测、财务、审计等资料，以及相关说明、证明和承诺等；

2. 现场勘查记录、函证记录等；

3. 其他相关资料。

（二）收集的评估资料，通常包括：市场调查及数据分析资料，询价记录，其他专家鉴定及专业人士报告，其他相关资料。

（三）评定估算过程记录，通常包括：重要参数的选取和形成过程记录，价值分析、计算、判断过程记录，评估结论形成过程记录，其他相关资料。

第十一条　资产评估专业人员收集委托人和其他相关当事人提供的资产评估明细表及其他重要资料作为工作底稿，应当由提供方对相关资料进行确认，确认方式包括签字、盖章或者法律允许的其他方式。

第十二条　工作底稿中应当反映内部审核过程。

第十三条　资产评估专业人员应当根据资产评估业务特点和工作底稿类别，编制工作底稿目录，建立必要的索引号，以反映工作底稿间的勾稽关系。

第三章　资产评估档案的归集和管理

第十四条　资产评估专业人员通常应当在资产评估报告日后 90 日内将工作底稿、资产评估报告及其他相关资料归集形成资产评估档案，并由所在资产评估机构按照国家有关法律、行政法规和本准则规定妥善管理。重大或者特殊项目的归档时限不晚于评估结论使用有效期届满后 30 日。

第十五条　资产评估档案自资产评估报告日起保存期限不少于十五年；属于法定资产评估业务的，不少于三十年。

第十六条　对电子或者其他介质形式的资产评估档案，资产评估机构应当在法定保存期限内妥善保存。

第十七条　资产评估机构不得对在规定保存期内的资产评估档案非法删改或者销毁。

第十八条　资产评估档案的管理应当严格执行保密制度。除下列情形外，资产评估档案不得对外提供：

（一）财政部门依法调阅的；

（二）资产评估协会依法依规调阅的；

（三）其他依法依规查阅的。

第四章 附 则

第十九条 本准则自2017年10月1日起施行。中国资产评估协会于2007年11月28日发布的《关于印发〈资产评估准则——评估报告〉等7项资产评估准则的通知》（中评协〔2007〕189号）中的《资产评估准则——工作底稿》同时废止。

资产评估执业准则——利用专家工作及相关报告

2017 年 9 月 8 日　中评协〔2017〕35 号

第一章　总　　则

第一条　为规范资产评估机构及其资产评估专业人员利用专家工作及相关报告行为，保护资产评估当事人的合法权益和公共利益，根据《资产评估基本准则》制定本准则。

第二条　本准则所称利用专家工作及相关报告，是指资产评估机构在执行资产评估业务过程中，聘请专家个人协助工作、利用专业报告和引用单项资产评估报告的行为。

聘请专家个人协助工作是指因涉及特殊专业知识和经验，聘请某一领域中具有专门知识、技能和经验的个人协助工作，作为资产评估专业支持。

利用专业报告是指因涉及特殊专业知识和经验，利用某一领域中具有专门资质或者相关经验的机构所出具的专业报告，作为资产评估依据。

引用单项资产评估报告是指资产评估机构根据法律、行政法规等要求，引用其他评估机构出具的单项资产评估报告，作为资产评估报告的组成部分。

第三条　执行资产评估业务过程中利用专家工作及相关报告，应当遵守本准则。

第二章　聘请专家个人协助工作

第四条　资产评估机构执行资产评估业务，需要特殊专业知识和经验的专家个人提供协助时，可以聘请其协助工作。

第五条　资产评估机构聘请相关专家协助工作的内容通常包括：

（一）对资产性能、先进性等的专业判断；

（二）对特殊资产实物状况、技术状况和使用状况的判断；

（三）对特殊行业企业运营、市场状况等的判断；

（四）资产评估过程中可能利用专家协助的其他工作。

第六条　资产评估机构在聘请专家时，应当：

（一）综合考虑拟聘专家的专业特长、职称、专业资格、声望等因素，综合分析评判专家的专业能力；

（二）关注专家的独立性。通常，专家与委托人或者其他相关当事人存在关联关系，专家工作的独立性可能受到影响。

第七条　资产评估机构聘请相关专家协助工作，必要时应当征得委托人同意，并由资产评估机构与专家明确下列基本事项：

（一）工作的目标、范围和成果；

（二）工作成果的归属及预定用途；

（三）对信息保密的要求。

第八条　资产评估机构聘请专家协助工作时，应当向专家介绍资产评估相关规定和评估业务相关情况，提出具体工作要求。

第九条　资产评估专业人员应当在工作底稿中记录聘请专家协助工作的情况以及专家工作成果。

第十条　资产评估机构和资产评估专业人员不因聘请专家协助工作而减轻或者免除法律责任。

第三章　利用专业报告

第十一条　执行资产评估业务，涉及特殊专业知识和经验时，可以利用专业机构出具的专业报告作为评估依据。

第十二条　资产评估机构及其资产评估专业人员利用的专业报告，应当通过合法途径获得，通常包括：

（一）公开发表的相关专业报告；

（二）已经正式出具的相关专业报告；

（三）专门聘请专业机构完成相关工作，并出具的相应专业报告。

第十三条　资产评估专业人员利用的专业报告类型通常包括：

（一）对资产数量和实物状况的测定报告；

（二）需用特殊技术或者方法的相关测算报告；

（三）特殊资产清查，必要的技术鉴定或者检测报告；

（四）相关行业或者业务的分析判断报告；

（五）审计报告；

（六）针对预测性财务信息的审核报告；

（七）对资产权属、相关文件和合同等的法律意见；

（八）评估过程中可能利用的其他专业资料。

第十四条　资产评估机构聘请专业机构出具专业报告时，应当：

（一）综合考虑专业机构的业务范围、执业资质、业绩、地位等因素，判断其所出具的专业报告作为评估依据的可靠性；

（二）关注专业机构的独立性。

第十五条　资产评估机构聘请专业机构出具专业报告，应当由资产评估机构与专业机构签署约定文件，明确下列基本事项：

（一）工作的目标、范围和成果；

（二）工作成果的归属及预定用途；

（三）对信息保密的要求。

第十六条　资产评估机构聘请专业机构出具专业报告，必要时应当征得委托人同意。

资产评估机构可以要求委托人聘请专业机构出具专业报告，并要求所出具的专业报告满足资产评估业务的需要。

第十七条　资产评估专业人员利用专业报告，通常应当关注以下事项：

（一）利用与资产评估同时开展相关工作的专业机构出具的专业报告作为评估依据时，应当考虑其与资产评估的专业衔接关系；

（二）利用委托人提供的、资产评估前已经正式出具的专业报告作为评估依据时，应当判断其作为评估依据的时效性和可靠性；

（三）向专业机构介绍资产评估相关规定和资产评估业务相关情况，提出出具专业报告的具体要求。

第十八条　资产评估专业人员利用专业机构出具的专业报告，应当关注其披露的、对专业报告结论存在重大影响的事项。

第十九条　资产评估专业人员应当将利用的专业报告作为工作底稿，必要时作为资产评估报告附件。

第四章　引用单项资产评估报告

第二十条　资产评估机构应当根据法律、行政法规等要求，确定是否引用以及如何引用相关单项资产评估报告。引用单项资产评估报告应当与委托人事先约定。

第二十一条　资产评估专业人员应当获取正式出具的单项资产评估报告，并全面理解单项资产评估报告以及相关附件。

第二十二条　资产评估专业人员应当关注拟引用单项资产评估报告的性质、评估目的、评估基准日、评估对象、评估依据、参数选取、假设前提、使用限制等是否满足资产评估报告的引用要求；不满足资产评估报告引用要求的，不得引用。

第二十三条　资产评估专业人员应当分析拟引用单项资产评估报告载明的评估结论，判断其对应的资产类型与资产评估的资产类型的一致性；分析是否存在相关负债，并予以恰当处理。

对于账面无记录的单项资产，应当考虑引用或者确认的资产类型是否符合相关规定；分析是否存在相关负债，并予以恰当处理。

第二十四条　资产评估专业人员应当关注拟引用单项资产评估报告的相关备案审核文件资料，分析其可能对拟引用单项资产评估报告评估结论产生的影响。

第二十五条　资产评估专业人员应当对所引用单项资产评估报告的评估结论与账面价值的变动情况进行客观分析，不得发表超出自身执业能力和范围的评论意见。

第二十六条　资产评估专业人员应当关注所引用单项资产评估报告披露的特殊事项说明，判断其是否可以引用及其对资产评估结论的影响。

第二十七条　资产评估专业人员应当将所引用单项资产评估报告作为工作底稿。

第五章　披露要求

第二十八条　聘请专家个人协助工作作为资产评估专业支持，应当在资产评估报告中说明聘请专家工作的内容。

第二十九条　利用相关专业机构出具的专业报告作为资产评估依据，应当在资产评估报告中披露以下内容：

（一）专业机构名称、专业报告名称、专业报告编号以及出具日期；

（二）专业报告结论及其相关补充性或者解释性说明；

（三）其他需要披露的重要事项。

第三十条　引用单项资产评估报告作为资产评估报告的组成部分，应当在资产评估报告中披露以下内容：

（一）引用单项资产评估报告的评估机构名称、报告名称、报告编号、出具日期等；

（二）引用单项资产评估报告的资产、数量、产权权属等；

（三）引用单项资产评估报告的评估方法、假设前提、使用限制以及相关事项；

（四）引用单项资产评估报告的评估结论；

（五）其他需要披露的重要事项。

第六章　附　　则

第三十一条　本准则自 2017 年 10 月 1 日起施行。中国资产评估协会于 2012 年 12 月 28 日发布的《关于印发〈资产评估准则——利用专家工作〉的通知》（中评协〔2012〕244 号）同时废止。

资产评估执业准则——企业价值

2017 年 9 月 8 日　中评协〔2017〕36 号

第一章　总　　则

第一条　为规范企业价值评估行为，保护资产评估当事人合法权益和公共利益，根据《资产评估基本准则》制定本准则。

第二条　本准则所称企业价值评估，是指资产评估机构及其资产评估专业人员遵守法律、行政法规和资产评估准则，根据委托对评估基准日特定目的下的企业整体价值、股东全部权益价值或者股东部分权益价值等进行评定和估算，并出具资产评估报告的专业服务行为。

第三条　执行企业价值评估业务，应当遵守本准则。

第二章　基 本 遵 循

第四条　执行企业价值评估业务，应当具备企业价值评估的专业知识和实践经验，能够胜任所执行的企业价值评估业务。

执行某项特定业务缺乏特定的专业知识和经验时，应当采取弥补措施，包括利用专家工作及相关报告等。

第五条　执行企业价值评估业务，应当坚持独立、客观、公正的原则，勤勉尽责，保持应有的职业谨慎，独立进行分析和估算并形成专业意见。

第六条　执行企业价值评估业务，应当根据评估目的，明确评估对象，合理使用评估假设，选择适当的价值类型，恰当运用评估方法，履行必要评估程序，形成评估结论。

第七条　资产评估专业人员应当依法对企业价值评估活动中使用的资料进行核查验证。

因法律法规规定、客观条件限制无法实施核查验证的事项，资产评估专业人员应当在工作底稿中予以说明，分析其对评估结论的影响程度，并在资产评估报告中予以披露。如果上述事项对评估结论产生重大影响，资产评估机构不得出具资产评估报告。

第三章 操作要求

第八条 资产评估机构受理企业价值评估业务前，应当明确下列基本事项：

（一）委托人的基本情况；

（二）被评估单位的基本情况；

（三）评估目的；

（四）评估对象和评估范围；

（五）价值类型；

（六）评估基准日；

（七）资产评估报告使用范围；

（八）评估假设；

（九）需要明确的其他事项。

第九条 资产评估专业人员应当根据委托事项和评估目的，与委托人协商明确评估对象。企业价值评估中的评估对象包括企业整体价值、股东全部权益价值和股东部分权益价值等。

第十条 执行企业价值评估业务，应当充分考虑评估目的、市场条件、评估对象自身条件等因素，恰当选择价值类型。企业价值评估中常见的价值类型有市场价值和投资价值。

第十一条 执行企业价值评估业务，应当根据评估业务的具体情况，确定所需资料的清单并收集相关资料，通常包括：

（一）评估对象权益状况相关的协议、章程、股权证明等有关法律文件、评估对象涉及的主要资产权属证明资料；

（二）被评估单位历史沿革、控制股东及股东持股比例、经营管理结构和产权架构资料；

（三）被评估单位的业务、资产、财务、人员及经营状况资料；

（四）被评估单位经营计划、发展规划和收益预测资料；

（五）评估对象、被评估单位以往的评估及交易资料；

（六）影响被评估单位经营的宏观、区域经济因素资料；

（七）被评估单位所在行业现状与发展前景资料；

（八）证券市场、产权交易市场等市场的有关资料；

（九）可比企业的经营情况、财务信息、股票价格或者股权交易价格等资料。

第十二条 资产评估专业人员应当尽可能获取被评估单位和可比企业的审计报告，无论财务报表是否经过审计，资产评估专业人员都应当根据所采用评估方法对财务报表的使用要求对其进行分析和判断，但对相关财务报表是否公允反映评估基准日的财务状况和当期经营成果、现金流量发表专业意见并非资产评估专业人员的责任。

采用资产基础法评估，应当对所采用的被评估单位于评估基准日的资产及负债账面值的真实性进行分析和判断；采用收益法或者市场法评估，应当对所采用的被评估单位和可比企业财务指标的合理性进行分析和判断。

第十三条　采用收益法或者市场法进行企业价值评估时，可以根据评估对象、评估假设、价值类型等相关条件，在与委托人和其他相关当事人协商并获得有关信息的基础上，对被评估单位和可比企业财务报表进行分析和必要的调整，以使评估中采用的财务数据以及相关参数适用、可比。根据评估业务的具体情况，分析和调整事项通常包括：

（一）财务报表编制基础；

（二）非经常性收入和支出；

（三）非经营性资产、负债和溢余资产及其相关的收入和支出。

第十四条　采用收益法或者市场法进行企业价值评估，应当与委托人和其他相关当事人进行沟通，了解被评估单位资产配置和使用情况，谨慎识别非经营性资产、负债和溢余资产，并根据相关信息获得情况以及对评估结论的影响程度，确定是否单独评估。

第十五条　资产评估专业人员应当知晓评估对象在持续经营前提下的价值并不必然大于在清算前提下的价值。

如果相关当事人有权启动清算程序，资产评估专业人员应当根据委托评估事项，分析评估对象在清算前提下价值大于在持续经营前提下价值的可能性。

第十六条　在对具有多种业务类型、涉及多种行业的企业进行企业价值评估时，应当根据业务关联性界定业务单元，并根据被评估单位和业务单元的具体情况，采用适宜的财务数据口径进行评估。

第四章　评 估 方 法

第十七条　执行企业价值评估业务，应当根据评估目的、评估对象、价值类型、资料收集等情况，分析收益法、市场法、成本法（资产基础法）三种基本方法的适用性，选择评估方法。

第十八条　对于适合采用不同评估方法进行企业价值评估的，资产评估专业人员应当采用两种以上评估方法进行评估。

第十九条　企业价值评估中的收益法，是指将预期收益资本化或者折现，确定评估对象价值的评估方法。

资产评估专业人员应当结合被评估单位的历史经营情况、未来收益可预测情况、所获取评估资料的充分性，恰当考虑收益法的适用性。

第二十条　收益法常用的具体方法包括股利折现法和现金流量折现法。

第二十一条　股利折现法是将预期股利进行折现以确定评估对象价值的具体方法，通常适用于缺乏控制权的股东部分权益价值评估。

股利折现法的预期股利一般应当体现市场参与者的通常预期，适用的价值类型通常为市场价值。

第二十二条　现金流量折现法通常包括企业自由现金流折现模型和股权自由现金流折现模型。资产评估专业人员应当根据被评估单位所处行业、经营模式、资本结构、发展趋势等，恰当选择现金流折现模型。

预测现金流量，既可以从市场参与者角度进行，也可以选择特定投资者的角度。在实际控制或者评估目的是为了获得实际控制权情形下，从特定投资者的角度预测现金流量时，适用的价值类型通常为投资价值。

第二十三条　对委托人和其他相关当事人依法提供并保证合理性、合法性、完整性的未来收益预测资料，资产评估专业人员应当与委托人和其他相关当事人讨论未来各种可能性，结合被评估单位的人力资源、技术水平、资本结构、经营状况、历史业绩、发展趋势，考虑宏观经济因素、所在行业现状与发展前景，分析未来收益预测资料与评估目的及评估假设的适用性。

资产评估专业人员应当关注未来收益预测中经营管理、业务架构、主营业务收入、毛利率、营运资金、资本性支出、资本结构等主要参数与评估假设、价值类型的一致性。当预测趋势与历史业绩和现实经营状况存在重大差异时，资产评估专业人员应当要求委托人和其他相关当事人说明差异的合理性及可持续性，与评估假设、价值类型核查一致后，在资产评估报告中予以披露。

第二十四条　资产评估专业人员应当按照法律、行政法规规定，以及被评估单位所在行业现状与发展前景、协议与章程约定、经营状况、资产特点和资源条件等，恰当确定收益期。

第二十五条　资产评估专业人员应当知晓企业经营达到相对稳定前的时间区间是确定预测期的主要因素。

资产评估专业人员应当在对企业收入结构、成本结构、资本结构、资本性支出、投资收益和风险水平等综合分析的基础上，结合宏观政策、行业周期及其他影响企业进入稳定期的因素合理确定预测期。

第二十六条　资产评估专业人员确定折现率，应当综合考虑评估基准日的利率水平、市场投资收益率等资本市场相关信息和所在行业、被评估单位的特定风险等相关因素。

第二十七条　资产评估专业人员应当根据企业进入稳定期的因素分析预测期后的收益趋势、终止经营后的处置方式等，选择恰当的方法估算预测期后的价值。

第二十八条　执行企业价值评估业务可以根据评估对象特点选择收益法的不同具体方法进行评估。资产评估专业人员应当根据被评估单位的具体情况选择恰当的预期收益口径，并确信折现率与预期收益的口径保持一致。

第二十九条　企业价值评估中的市场法，是指将评估对象与可比上市公司或者可比交易案例进行比较，确定评估对象价值的评估方法。

资产评估专业人员应当根据所获取可比企业经营和财务数据的充分性和可靠性、可收集到的可比企业数量，考虑市场法的适用性。

第三十条　市场法常用的两种具体方法是上市公司比较法和交易案例比较法。

第三十一条　上市公司比较法是指获取并分析可比上市公司的经营和财务数据，计算价值比率，在与被评估单位比较分析的基础上，确定评估对象价值的具体方法。

上市公司比较法中的可比企业应当是公开市场上正常交易的上市公司。在切实可行的情况下，评估结论应当考虑控制权和流动性对评估对象价值的影响。

第三十二条　交易案例比较法是指获取并分析可比企业的买卖、收购及合并案例资料，计算价值比率，在与被评估单位比较分析的基础上，确定评估对象价值的具体方法。

控制权以及交易数量可能影响交易案例比较法中的可比企业交易价格。在切实可行的情况下，应当考虑评估对象与交易案例在控制权和流动性方面的差异及其对评估对象价值的影响。

第三十三条　资产评估专业人员应当关注业务结构、经营模式、企业规模、资产配置和使用情况、企业所处经营阶段、成长性、经营风险、财务风险等因素，恰当选择与被评估单位进行比较分析的可比企业。

资产评估专业人员所选择的可比企业与被评估单位应当具有可比性。可比企业应当与被评估单位属于同一行业，或者受相同经济因素的影响。

第三十四条　价值比率通常包括盈利比率、资产比率、收入比率和其他特定比率。

在选择、计算、应用价值比率时，应当考虑：

（一）选择的价值比率有利于合理确定评估对象的价值；

（二）计算价值比率的数据口径及计算方式一致；

（三）应用价值比率时尽可能对可比企业和被评估单位间的差异进行合理调整。

第三十五条　企业价值评估中的资产基础法，是指以被评估单位评估基准日的资产负债表为基础，评估表内及可识别的表外各项资产、负债价值，确定评估对象价值的评估方法。

第三十六条　资产评估专业人员应当根据会计政策、企业经营等情况，要求被评估单位对资产负债表表内及表外的各项资产、负债进行识别。

资产评估专业人员应当知晓并非每项资产和负债都可以被识别并单独评估。当存在对评估对象价值有重大影响且难以识别和评估的资产或者负债时，应当考虑资产基础法的适用性。

第三十七条　采用资产基础法进行企业价值评估，各项资产的价值应当根据其具体情况选用适当的具体评估方法得出，所选评估方法可能有别于其作为单项资产评估对象时的具体评估方法，应当考虑其对企业价值的贡献。

资产评估专业人员应当知晓，在对持续经营前提下的企业价值进行评估时，单项资产或者资产组合作为企业资产的组成部分，其价值通常受其对企业贡献程度的影响。

第三十八条　采用资产基础法进行企业价值评估，应当对长期股权投资项目进行分析，根据被评估单位对长期股权投资项目的实际控制情况以及对评估对象价值的影响程度等因素，确定是否将其单独评估。

对专门从长期股权投资获取收益的控股型企业进行评估时，应当考虑控股型企业总部的成本和效益对企业价值的影响。

第三十九条　对同一评估对象采用多种评估方法时，应当结合评估目的、不同评估方法使用数据的质量和数量，采用定性或者定量分析方式形成评估结论。

第五章　披露要求

第四十条　采用收益法或者市场法进行企业价值评估，通常在资产评估报告中重点披露下列内容：

（一）影响企业经营的宏观、区域经济因素；

（二）所在行业现状与发展前景；

（三）企业的业务分析情况；

（四）企业的资产、财务分析和调整情况；

（五）评估方法的运用过程。

第四十一条　在资产评估报告中披露影响企业经营的宏观、区域经济因素时，通常包括下列内容：

（一）国家、地区有关企业经营的法律、行政法规和其他相关文件；

（二）国家、地区经济形势及未来发展趋势；

（三）有关财政、货币政策等。

第四十二条　在资产评估报告中披露所在行业现状与发展前景时，通常包括下列内容：

（一）行业主要政策规定；

（二）行业竞争情况；

（三）行业发展的有利和不利因素；

（四）行业特有的经营模式，行业的周期性、区域性和季节性特征等；

（五）企业所在行业与上下游行业之间的关联性，上下游行业发展对本行业发展的有利和不利影响。

第四十三条　在资产评估报告中披露企业的业务分析情况时，通常包括下列内容：

（一）主要产品或者服务的用途；

（二）经营模式；

（三）经营管理状况；

（四）企业在行业中的地位、竞争优势及劣势；

（五）企业的发展战略及经营策略等。

第四十四条　在资产评估报告中披露企业的资产、财务分析和调整情况时，通常包括下列内容：

（一）资产配置和使用的情况；

（二）历史财务资料的分析总结，一般包括历史年度财务分析、与所在行业或者可比企业的财务比较分析等；

（三）对财务报表及评估中使用的资料的重大或者实质性调整。

第四十五条　在资产评估报告中披露评估方法的运用过程时，通常包括下列内容：

（一）评估方法的选择及其理由；

（二）评估方法的运用和逻辑推理过程；

（三）主要参数的来源、分析、比较和测算过程；

（四）在切实可行的情况下考虑的控制权和流动性影响；

（五）对测算结果进行分析，形成最终评估结论的过程。

第四十六条　资产评估专业人员应当在资产评估报告中披露无法核查验证的事项及其对评估结论的影响。

第四十七条　资产评估报告应当载明：委托人或者其他资产评估报告使用人未按照法律、行政法规规定和资产评估报告载明的使用范围使用资产评估报告的，资产评估机构及其资产评估专业人员不承担责任；除委托人、资产评估委托合同中约定的其他资产评估报告使用人和法律、行政法规规定的资产评估报告使用人之外，其他任何机构和个人不能成为资产评估报告的使用人。

第四十八条　资产评估专业人员应当在资产评估报告中提醒资产评估报告使用人正确理解评估结论，评估结论不等同于评估对象可实现价格，评估结论不应当被认为是对评估对象可实现价格的保证。

第四十九条　资产评估专业人员可以根据评估对象的复杂程度、委托人要求，确定资产评估报告的详略程度。

第六章　附　　则

第五十条　本准则自2017年10月1日起施行。中国资产评估协会于2011年12月30日发布的《关于印发〈资产评估准则——企业价值〉的通知》（中评协〔2011〕227号）同时废止。

资产评估执业准则——无形资产

2017 年 9 月 8 日　中评协〔2017〕37 号

第一章　总　　则

第一条　为规范无形资产评估行为，保护资产评估当事人合法权益和公共利益，根据《资产评估基本准则》制定本准则。

第二条　本准则所称无形资产，是指特定主体拥有或者控制的，不具有实物形态，能持续发挥作用并且能带来经济利益的资源。

第三条　本准则所称无形资产评估，是指资产评估机构及其资产评估专业人员遵守法律、行政法规和资产评估准则，根据委托对评估基准日特定目的下的无形资产价值进行评定和估算，并出具资产评估报告的专业服务行为。

第四条　涉及土地使用权、矿业权、水域使用权等的评估另行规范。

第五条　执行无形资产评估业务，应当遵守本准则。

第二章　基本遵循

第六条　资产评估机构及其资产评估专业人员开展无形资产评估业务，应当遵守法律、行政法规的规定，坚持独立、客观、公正的原则，诚实守信，勤勉尽责，谨慎从业，遵守职业道德规范，自觉维护职业形象，不得从事损害职业形象的活动。

第七条　资产评估机构及其资产评估专业人员开展无形资产评估业务，应当独立进行分析和估算并形成专业意见，拒绝委托人或者其他相关当事人的干预，不得直接以预先设定的价值作为评估结论。

第八条　执行无形资产评估业务，应当具备无形资产评估的专业知识和实践经验，能够胜任所执行的无形资产评估业务。

执行某项特定业务缺乏特定的专业知识和经验时，应当采取弥补措施，包括利用专家工作及相关报告等。

第九条　执行企业价值评估中的无形资产评估业务，应当了解在对持续经营前提下的企业价值进行评估时，无形资产作为企业资产组成部分的价值可能有别于作为单项资产的价值，其价值取决于它对企业价值的贡献程度。

第十条　执行无形资产评估业务，应当根据评估业务具体情况，对评估对象进行现场调查，收集权属证明、财务会计信息和其他资料并进行核查验证、分析整理。

第十一条　执行无形资产评估业务，应当合理使用评估假设和限制条件。

第三章　评估对象

第十二条　执行无形资产评估业务，应当要求委托人明确评估对象，关注评估对象的权利状况及法律、经济、技术等具体特征。

第十三条　执行无形资产评估业务，应当根据具体经济行为，谨慎区分可辨认无形资产和不可辨认无形资产，单项无形资产和无形资产组合。

第十四条　可辨认无形资产包括专利权、商标权、著作权、专有技术、销售网络、客户关系、特许经营权、合同权益、域名等。不可辨认无形资产是指商誉。

第十五条　执行无形资产评估业务，应当要求委托人根据评估对象的具体情况与评估目的，对无形资产进行合理的分离或者合并，恰当进行单项无形资产或者无形资产组合的评估。

第十六条　执行无形资产评估业务，通常关注评估对象的产权因素、获利能力、成本因素、市场因素、有效期限、法律保护、风险因素等相关因素。

第四章　操作要求

第十七条　执行无形资产评估业务，应当明确评估对象、评估目的、评估基准日、评估范围、价值类型和资产评估报告使用人。

第十八条　执行无形资产评估业务，通常关注以下事项：

（一）无形资产权利的法律文件、权属有效性文件或者其他证明资料；

（二）无形资产持续的可辨识经济利益；

（三）无形资产的性质和特点，历史取得和目前的使用状况；

（四）无形资产的剩余经济寿命和法定寿命，无形资产的保护措施；

（五）无形资产实施的地域范围、领域范围与获利方式；

（六）无形资产以往的交易、质押、出资情况；

（七）无形资产实施过程中所受到的法律、行政法规或者其他限制；

（八）类似无形资产的市场价格信息；

（九）宏观经济环境；

（十）行业状况及发展前景；

（十一）企业状况及发展前景；

（十二）其他相关信息。

第十九条　无形资产与其他资产共同发挥作用时，应当分析这些资产对无形资产价值的影响。

第二十条 执行无形资产评估业务，通常关注宏观经济政策、行业政策、经营条件、生产能力、市场状况等各项因素对无形资产效能发挥的制约，关注其对无形资产价值产生的影响。

第五章 评估方法

第二十一条 确定无形资产价值的评估方法包括市场法、收益法和成本法三种基本方法及其衍生方法。

执行无形资产评估业务，资产评估专业人员应当根据评估目的、评估对象、价值类型、资料收集等情况，分析上述三种基本方法的适用性，选择评估方法。

第二十二条 采用收益法评估无形资产时应当：

（一）在获取无形资产相关信息的基础上，根据该无形资产或者类似无形资产的历史实施情况及未来应用前景，结合无形资产实施或者拟实施企业经营状况，重点分析无形资产经济收益的可预测性，考虑收益法的适用性；

（二）估算无形资产带来的预期收益，区分评估对象无形资产和其他无形资产与其他资产所获得的收益，分析与之有关的预期变动、收益期限，与收益有关的成本费用、配套资产、现金流量、风险因素；

（三）保持预期收益口径与折现率口径一致；

（四）根据无形资产实施过程中的风险因素及货币时间价值等因素估算折现率；

（五）综合分析无形资产的剩余经济寿命、法定寿命及其他相关因素，确定收益期限。

第二十三条 采用市场法评估无形资产时应当：

（一）考虑该无形资产或者类似无形资产是否存在活跃的市场，考虑市场法的适用性；

（二）收集类似无形资产交易案例的市场交易价格、交易时间及交易条件等交易信息；

（三）选择具有比较基础的可比无形资产交易案例；

（四）收集评估对象近期的交易信息；

（五）对可比交易案例和评估对象近期交易信息进行必要调整。

第二十四条 采用成本法评估无形资产时应当：

（一）根据无形资产形成的全部投入，考虑无形资产价值与成本的相关程度，考虑成本法的适用性；

（二）确定无形资产的重置成本，无形资产的重置成本包括合理的成本、利润和相关税费；

（三）确定无形资产贬值。

第二十五条 对同一无形资产采用多种评估方法时，应当对所获得的各种测算结果进行分析，形成评估结论。

第六章 披露要求

第二十六条 无论单独出具无形资产评估报告，还是将无形资产评估作为资产评估报告的组成部分，都应当在资产评估报告中披露必要信息，使资产评估报告使用人能够正确理解评估结论。

第二十七条 无形资产评估报告应当说明下列内容：

（一）无形资产的性质、权利状况及限制条件；

（二）无形资产实施的地域限制、领域限制及法律法规限制条件；

（三）与无形资产相关的宏观经济和行业的前景；

（四）无形资产的历史、现实状况与发展前景；

（五）评估依据的信息来源；

（六）其他必要信息。

第二十八条 无形资产评估报告应当说明有关评估方法的下列内容：

（一）评估方法的选择及其理由；

（二）各重要参数的来源、分析、比较与测算过程；

（三）对测算结果进行分析，形成评估结论的过程；

（四）评估结论成立的假设前提和限制条件。

第七章 附　　则

第二十九条 本准则自2017年10月1日起施行。中国资产评估协会于2008年11月28日发布的《关于印发〈资产评估准则——无形资产〉和〈专利资产评估指导意见〉的通知》（中评协〔2008〕217号）中的《资产评估准则——无形资产》同时废止。

资产评估执业准则——不动产

2017 年 9 月 8 日　中评协〔2017〕38 号

第一章　总　　则

第一条　为规范不动产评估行为，保护资产评估当事人合法权益和公共利益，根据《资产评估基本准则》制定本准则。

第二条　本准则所称不动产是指土地、建筑物及其他附着于土地上的定着物，包括物质实体及其相关权益。

本准则所称不动产不包含海域、林木等。

第三条　本准则所称不动产评估是指资产评估机构及其资产评估专业人员遵守法律、行政法规和资产评估准则，根据委托对评估基准日特定目的下的不动产价值进行评定和估算，并出具资产评估报告的专业服务行为。

不动产评估包括单独的不动产评估和企业价值评估中的不动产评估。

第四条　执行不动产评估业务，应当遵守本准则，但法律、行政法规规定应当执行其他准则的，从其规定。

第二章　基本遵循

第五条　执行不动产评估业务，应当具备不动产评估的专业知识和实践经验，能够胜任所执行的不动产评估业务。

当执行某项特定业务缺乏特定的专业知识和经验时，应当采取弥补措施，包括利用专家工作及相关报告等。

第六条　资产评估专业人员应当关注不动产的权属，收集相关的权属证明文件，对于没有权属证明文件的不动产应当要求委托人或者其他相关当事人对其权属做出承诺或说明。

第七条　不动产评估应当在评估对象符合用途管制要求的情况下进行。对于不动产使用的限制条件，应当以有关部门依法规定的用途、面积、高度、建筑密度、容积率、年限等技术指标为依据。

第八条　当不动产存在多种利用方式时，应当在合法的前提下，结合经济行为、评估目的、价值类型等情况，选择和使用最优利用方式进行评估。

第三章　操作要求

第九条　执行不动产评估业务，应当要求委托人明确资产评估报告的用途、评估对象、范围和评估目的。不动产评估对象，可以是不动产对应的全部权益，也可以是不动产对应的部分权益。

第十条　执行不动产评估业务，应当全面了解不动产的实物状况、权益状况和区位状况，掌握评估对象的主要特征。

第十一条　执行不动产评估业务，应当根据评估目的和不动产具体情况进行合理假设，并在资产评估报告中予以披露。

第十二条　不动产组成部分的价值存在相互影响关系。建筑物对于其所占有的土地使用权存在价值减损的可能。如果建筑物对于其所占有的土地使用权存在价值减损情形，评估土地使用权价值时应当计算该损失金额并加以扣除。

对于土建工程与机器设备安装为一体或者形成紧密关联的不动产，应当关注机器设备与不动产的关系，合理进行区分，并考虑机器设备等资产对不动产价值的影响。

第十三条　执行不动产评估业务，一般情况下，应当对所评估的不动产进行现场调查，明确不动产存在状态并关注其权属状况。特殊情况下，如需采用抽样等方法对不动产进行现场调查，应当充分考虑抽样风险。

对于不动产处于隐蔽状况或者因客观原因无法进行实地查看的部分，应当采取适当措施加以判断并予以披露。

第十四条　对于水利工程、码头、桥涵、道路等不动产，应当根据不动产的价值特性和资产特点，通过设计概算、工程图纸、竣工决算、定额标准等技术资料，结合对不动产的现场查看，了解不动产的结构、工程量、工程费用分摊、建设周期以及收益等情况。

第十五条　执行不动产评估业务，应当关注不动产的相邻关系、租约限制和动产对不动产价值的影响。

第四章　评估方法

第十六条　执行不动产评估业务，应当根据评估目的、评估对象、价值类型、资料收集等情况，分析市场法、收益法和成本法三种资产评估基本方法以及假设开发法、基准地价修正法等衍生方法的适用性，选择评估方法。

第十七条　采用市场法评估不动产时，应当收集足够的交易实例。收集交易实例的信息包括：

（一）交易实例的基本状况，主要包括：名称、坐落、四至、面积、用途、产权状况、土地形状、土地使用期限、建筑物建成日期、建筑结构、周围环境等；

（二）成交日期；

（三）成交价格，包括总价、单价及计价方式；

（四）付款方式；

（五）交易情况，主要有交易目的、交易方式、交易税费负担方式、交易人之间的特殊利害关系、特殊交易动机等。

第十八条　用作参照物的交易实例应当具备下列条件：

（一）在区位、用途、规模、建筑结构、档次、权利性质等方面与评估对象类似；

（二）成交日期与评估基准日接近；

（三）交易类型与评估目的相适合；

（四）成交价格为正常价格或者可以修正为正常价格。

第十九条　采用市场法评估不动产时，应当进行交易情况修正、交易日期修正和不动产状况修正。

交易情况修正是将参照物实际交易情况下的价格修正为正常交易情况下的价值。交易日期修正是将参照物成交日期的价格修正为评估基准日的价值。不动产状况修正是将参照物状况下的价格修正为评估对象状况下的价值，可以分为区位状况修正、权益状况修正和实物状况修正。

第二十条　采用收益法评估不动产时，应当了解：

（一）不动产应当具有经济收益或者潜在经济收益；

（二）不动产未来收益及风险能够较准确地预测与量化；

（三）不动产未来收益应当是不动产本身带来的收益；

（四）不动产未来收益包含有形收益和无形收益。

第二十一条　采用收益法评估不动产时，应当合理确定收益期限、净收益与折现率：

（一）收益期限应当根据建筑物剩余经济寿命年限与土地使用权剩余使用年限等参数，并根据法律、行政法规的规定确定；

（二）确定净收益时应当考虑未来收益和风险的合理预期；

（三）折现率与不动产的收益方式、收益预测方法、风险状况有关，也因不动产的组成部分不同而存在差异。折现率的口径应当与预期收益口径保持一致。

第二十二条　采用收益法评估不动产时，有租约限制的，租约期内的租金宜采用租约所确定的租金，租约期外的租金应当采用正常客观的租金，并在资产评估报告中披露租约情况。

第二十三条　采用成本法评估不动产，估算重置成本时，应当了解：

（一）重置成本采用客观成本；

（二）不动产重置成本采取土地使用权与建筑物分别估算、然后加总的评估方式时，重置成本的相关成本构成应当在两者之间合理划分或者分摊，避免重复计算或者漏算；

（三）不动产的重置成本通常采用更新重置成本。当评估对象为具有特定历史文化价值的不动产时，应当尽量采用复原重置成本。

第二十四条　资产评估专业人员应当对不动产所涉及的土地使用权剩余年限、建筑物经济寿命年限及设施设备的经济寿命年限进行分析判断，确定不动产的经济寿命年限。

第二十五条　资产评估专业人员应当综合考虑可能引起不动产贬值的主要因素，估算各种贬值。建筑物的贬值包括实体性贬值、功能性贬值和经济性贬值。确定建筑物的实体性贬值时，通常综合考虑建筑物已使用年限、经济寿命年限和土地使用权剩余年限的影响。

确定住宅用途建筑物实体性贬值时，需要考虑土地使用权自动续期的影响。当土地使用权自动续期时，可以根据建筑物的经济寿命年限确定其贬值额。

第二十六条　采用假设开发法评估不动产时，应当了解：

（一）假设开发法适用于具有开发和再开发潜力，并且其开发完成后的价值可以确定的不动产；

（二）开发完成后的不动产价值是开发完成后不动产状况所对应的价值；

（三）后续开发建设的必要支出和应得利润包括：后续开发成本、管理费用、销售费用、投资利息、销售税费、开发利润和取得待开发不动产的税费等；

（四）假设开发方式通常是满足规划条件下的最佳开发利用方式。

第二十七条　采用基准地价修正法评估土地使用权价值时，应当根据评估对象的价值内涵与基准地价内涵的差异，确定调整内容。在土地级别、用途、权益性质等要素一致的情况下，调整内容包括交易日期修正、区域因素修正、个别因素修正、使用年期修正和开发程度修正等。

第五章　企业价值评估中的不动产评估

第二十八条　企业所拥有的不动产通常在存货、投资性房地产、固定资产、在建工程以及无形资产等科目中核算，且可能存在同一不动产账面价值由多笔余额构成的情形。作为存货的房地产、投资性房地产和自用房地产等，其价值影响因素存在差异。

第二十九条　在企业价值评估中，应当关注企业经营方式及不动产实际使用方式对不动产价值的影响。

第三十条　在企业价值评估中，应当结合企业价值评估的价值类型合理设定不动产评估的假设前提和限制条件。

第三十一条　在企业价值评估中，应当分析不动产的财务核算方式以及是否存在不动产未结合同和尚未支付款项，明确不动产的评估价值内涵与实际已发生支出、尚未发生支出之间的关系，避免重复计算或者漏算。

第三十二条　在企业价值评估中，不动产作为企业资产的组成部分，评估价值受其对企业贡献程度的影响。

第三十三条　在企业价值评估中，对于溢余不动产，应当考虑不动产的持有目的、收益状况和实现交易的可能性，采用恰当的评估方法确定其评估价值。

第六章　披露要求

第三十四条　无论单独出具不动产评估报告，还是将不动产评估作为资产评估报告的组成部分，都应当在资产评估报告中披露必要信息，使资产评估报告使用人能够正确理解评估结论。

第三十五条　执行不动产评估业务，在编制资产评估报告时应当对不动产的总体情况、主要特点和权属状况进行披露。

第七章 附 则

第三十六条 本准则自2017年10月1日起施行。中国资产评估协会于2007年11月28日发布的《关于印发〈资产评估准则——评估报告〉等7项资产评估准则的通知》(中评协〔2007〕189号)中的《资产评估准则——不动产》同时废止。

资产评估执业准则——机器设备

2017年9月8日　中评协〔2017〕39号

第一章　总　　则

第一条　为规范机器设备评估行为，保护资产评估当事人合法权益和公共利益，根据《资产评估基本准则》制定本准则。

第二条　本准则所称机器设备，是指人类利用机械原理以及其他科学原理制造的、特定主体拥有或者控制的有形资产，包括机器、仪器、器械、装置、附属的特殊建筑物等。

第三条　本准则所称机器设备评估，是指资产评估机构及其资产评估专业人员遵守法律、行政法规和资产评估准则，根据委托对评估基准日特定目的下单独的机器设备、资产组合或者作为企业资产组成部分的机器设备价值进行评定和估算，并出具资产评估报告的专业服务行为。

第四条　执行机器设备评估业务，应当遵守本准则。

第二章　基 本 遵 循

第五条　执行机器设备评估业务，应当具备机器设备评估的专业知识和实践经验，能够胜任所执行的机器设备评估业务。

当执行某项特定业务缺乏特定的专业知识和经验时，应当采取弥补措施，包括利用专家工作及相关报告等。

第六条　资产评估专业人员应当了解，机器设备的评估对象分为单台机器设备和机器设备组合对应的全部或者部分权益。单台机器设备是指以独立形态存在、可以单独发挥作用或者以单台的形式进行销售的机器设备。机器设备组合是指为了实现特定功能，由若干机器设备组成的有机整体。机器设备组合的价值不必然等于单台机器设备价值的简单相加。

第七条　在对持续经营前提下的企业价值进行评估时，机器设备作为企业资产组成部分的价值可能有别于作为单项资产的价值，其价值取决于它对企业价值的贡献程度。

第八条　执行机器设备评估业务，应当关注机器设备所依存资源的有限性、所生产产品的市场寿命、所依附土地和房屋建筑物的使用期限、法律、行政法规以及环境保护、能源等产业政策对机器设备价值的影响。

第三章 操作要求

第九条 执行机器设备评估业务，应当了解评估结论的用途，明确评估目的。

第十条 执行机器设备评估业务，应当根据评估目的等相关条件，选择恰当的价值类型。

第十一条 资产评估专业人员应当根据机器设备的预期用途和评估目的，明确评估假设。包括：

（一）继续使用或者变现；

（二）原地使用或者移地使用；

（三）现行用途使用或者改变用途使用。

第十二条 对需要改变使用地点，按原来的用途继续使用，或者改变用途继续使用的机器设备进行评估时，应当考虑机器设备移位或者改变用途对其价值产生的影响。

第十三条 执行机器设备评估业务，应当根据评估目的、评估假设等条件，明确评估范围是否包括设备的安装、基础、附属设施，是否包括软件、技术服务、技术资料等无形资产。对于附属于不动产的机器设备，应当划分不动产与机器设备的评估范围，避免重复或者遗漏。

第十四条 执行机器设备评估业务，应当对机器设备进行现场逐项调查或者抽样调查，确定机器设备是否存在、明确机器设备存在状态并关注其权属。如果采用抽样的方法进行现场调查，应当充分考虑抽样风险。因客观原因等因素限制，无法实施现场调查的，应当采取措施加以判断，并予以披露。

第十五条 执行机器设备评估业务应当根据评估对象的具体情况，确定现场调查内容。

第十六条 资产评估专业人员通常可以通过现场观察，利用机器设备使用单位所提供的技术档案、检测报告、运行记录等历史资料，利用专业机构的检测结果，对机器设备的技术状态做出判断。必要时可以聘请专业机构对机器设备进行技术鉴定。

第十七条 资产评估专业人员应当关注机器设备的权属，收集相关的权属证明文件，对于没有权属证明文件的机器设备应当要求委托人或者其他相关当事人对其权属做出承诺或者说明，并对相关资料进行核查验证。

第十八条 资产评估专业人员应当获得真实、可靠的机器设备的市场信息。

第四章 评估方法

第十九条 执行机器设备评估业务，应当根据评估目的、评估对象、价值类型、资料收集等情况，分析成本法、市场法和收益法三种资产评估基本方法的适用性，选择评估方法。

第二十条 采用成本法评估机器设备时，应当：

（一）明确机器设备的重置成本包括购置或者购建设备所发生的必要的、合理的成本、利润和相关税费等，确定重置成本的构成要素；

（二）明确重置成本可以划分为更新重置成本与复原重置成本；

（三）了解机器设备的实体性贬值、功能性贬值和经济性贬值，以及可能引起机器设备贬值的各种因素，采用科学的方法，估算各种贬值；

（四）了解对具有独立运营能力或者独立获利能力的机器设备组合进行评估时，成本法一般不应当作为唯一使用的评估方法。

第二十一条　采用市场法评估机器设备时，应当：

（一）明确活跃的市场是采用市场法评估机器设备的前提条件，应当考虑市场是否能够提供足够数量的可比资产的交易数据，以及数据的可靠性；

（二）明确参照物与评估对象具有相似性和可比性是采用市场法的基础，应当对参照物与评估对象的差异进行调整；

（三）了解不同交易市场的价格水平可能存在差异，应当根据评估目的和评估对象的具体情况，确定可以作为评估依据的合适的交易市场，或者对市场差异作出调整；

（四）明确拆除、运输、安装、调试等因素对评估结论的影响。

第二十二条　采用收益法评估机器设备时，应当：

（一）明确收益法一般适用于具有独立获利能力或者获利能力可以量化的机器设备；

（二）合理确定收益期限、合理量化机器设备的未来收益；

（三）合理确定折现率。

第五章　披露要求

第二十三条　无论单独出具机器设备评估报告，还是将机器设备的评估作为资产评估报告的组成部分，都应当在资产评估报告中披露必要信息，使资产评估报告使用人能够正确理解评估结论。

第二十四条　编制机器设备评估报告应当反映机器设备的相关特点：

（一）对机器设备的描述一般包括物理特征、技术特征和经济特征，应当根据具体情况确定需要描述的内容；

（二）除了机器设备评估明细表，在机器设备评估报告中应当对评估对象的概况进行描述；

（三）对机器设备评估程序实施过程的描述，应当反映对设备的现场及市场调查、评定估算过程；说明设备的使用情况、维护保养情况、贬值情况等；

（四）在评估假设中明确机器设备是否改变用途、改变使用地点等；

（五）机器设备抵（质）押及其他限制情况。

第六章　附　　则

第二十五条　本准则自2017年10月1日起施行。中国资产评估协会于2007年11月28日发布的《关于印发〈资产评估准则——评估报告〉等7项资产评估准则的通知》（中评协〔2007〕189号）中的《资产评估准则——机器设备》同时废止。

资产评估执业准则——珠宝首饰

2017 年 9 月 8 日　中评协〔2017〕40 号

第一章　总　　则

第一条　为规范珠宝首饰评估行为，保护资产评估当事人合法权益和公共利益，根据《资产评估基本准则》制定本准则。

第二条　本准则所称珠宝首饰，是指珠宝玉石和用于饰品制作的贵金属的原料、半成品及其制成品。

第三条　本准则所称珠宝首饰评估，是指资产评估机构、资产评估师（珠宝）及其他珠宝评估专业人员遵守法律、行政法规和资产评估准则，按照有关珠宝首饰的国家标准，在对珠宝首饰进行鉴定分级分析的基础上，根据委托对评估基准日特定目的下的珠宝首饰价值进行评定和估算，并出具资产评估报告的专业服务行为。

涉及珠宝首饰的著作权等无形资产价值评估，需要按照相关准则要求执行。

第四条　执行珠宝首饰评估业务，应当遵守本准则。

第二章　基本遵循

第五条　珠宝首饰资产评估报告应当由至少两名承办该项业务的资产评估师（珠宝）或者其他珠宝评估专业人员签名并加盖资产评估机构印章。

法定评估业务的资产评估报告应当由至少两名承办该项业务的资产评估师（珠宝）签名并加盖资产评估机构印章。

第六条　执行珠宝首饰评估业务，应当具备珠宝首饰评估的专业知识和实践经验，能够胜任所执行的珠宝首饰评估业务。

当缺乏执行某项特定业务所需的相关专业知识和经验时，应当采取弥补措施，包括利用专家工作及相关报告等。

第七条　执行珠宝首饰评估业务，应当坚持独立、客观、公正的原则，勤勉尽责，保持应有的职业谨慎，独立进行分析和估算并形成专业意见。

第三章　操作要求

第八条　执行珠宝首饰评估业务，应当明确评估对象、评估范围、评估目的、评估基准日、价值类型和资产评估报告使用人。

第九条　执行珠宝首饰评估业务，应当依据《资产评估执业准则——资产评估程序》，履行资产评估基本程序，结合珠宝首饰评估业务的具体情况，制定并实施适当的具体评估步骤。

第十条　执行珠宝首饰评估业务，应当对珠宝首饰进行实物确认，明确珠宝首饰的存在状态。

第十一条　执行珠宝首饰评估业务，应当关注评估对象的权属，要求委托人或者其他相关当事人对珠宝首饰的权属做出承诺，并应当对珠宝首饰的权属相关资料进行必要查验。

第十二条　执行珠宝首饰评估业务，应当对珠宝首饰进行鉴定和品质分级。在对评估对象进行鉴定分级时，应当采用相应的国家标准及行业标准。如果没有相应的国家及行业分级标准，可以采用国内外珠宝业通用的分级体系，并在资产评估报告中明确说明。

执行珠宝首饰评估业务，可以采用具有资质的珠宝质检机构出具的鉴定分级结论，并按照资产评估准则要求执行。

第十三条　执行珠宝首饰评估业务，应当知晓同一珠宝首饰在不同市场的价值可能存在差异，并根据评估对象的具体情况确定适当的市场级别。

第十四条　执行珠宝首饰评估业务，应当获得真实、可靠的珠宝首饰的市场信息及其他相关信息。

第十五条　执行珠宝首饰评估业务，应当根据评估对象的具体情况，合理选择收集信息的内容。通常关注以下方面：

（一）评估对象的历史、现状及相关证明资料；

（二）评估对象以往的评估及交易情况；

（三）相同或者类似珠宝首饰的市场价格信息及交易情况；

（四）评估对象的市场供求关系、稀缺程度及市场前景等；

（五）可能影响珠宝首饰价值的宏观经济状况；

（六）其他相关信息资料。

第十六条　执行珠宝首饰评估业务，应当考虑珠宝首饰的品质因素及其他因素对评估对象价值的影响，如来源（出处）、历史、名人拥有、名师设计制作、品牌、稀缺程度等。

第十七条　执行珠宝首饰评估业务，可以根据评估目的和珠宝首饰具体情况合理确定评估假设，并在资产评估报告中予以披露。

第四章　评估方法

第十八条　执行珠宝首饰评估业务，应当根据评估目的、评估对象、价值类型、资料收集等情况，分析市场法、成本法和收益法三种资产评估基本方法的适用性，选择评估方法。

第十九条 执行珠宝首饰评估业务采用市场法时，应当：

（一）明确是否存在公开、活跃的交易市场，是否能够获取足够数量的可比参照物或者案例，并关注数据的可靠性；

（二）收集评估对象以往的交易信息、相同或者类似珠宝首饰交易的市场信息；

（三）确定若干相同或者类似的珠宝首饰作为参照物，充分考虑其价值因素的可比性；

（四）根据评估对象的具体情况，确定可以作为评估依据的合适的交易市场；

（五）根据评估对象与参照物之间的区别，以及市场级别、市场交易条件等因素的差异，对相同或者类似珠宝首饰交易信息及相关资料进行分析调整。

第二十条 执行珠宝首饰评估业务采用成本法时，应当：

（一）分析评估对象是否可以复制、可以再生产等因素，考虑成本法的适用性；

（二）合理确定重置成本的构成要素，明确珠宝首饰的重置成本包括材料成本、制作成本、相关税费、合理利润及其他费用；

（三）恰当选择重置成本的类型，即复原重置成本和更新重置成本；

（四）合理确定实体性贬值、经济性贬值和功能性贬值。

第二十一条 执行珠宝首饰评估业务采用收益法时，应当：

（一）明确珠宝首饰较少采用收益法进行评估。收益法通常只适用于租赁、展览等持续经营活动中，具有独立获利能力或者获利能力可以量化的珠宝首饰的资产评估业务。

（二）合理确定收益期限，合理预测未来收益。

（三）合理确定折现率。

（四）分析租约等法律文件内容对评估对象价值可能具有的影响。

第二十二条 对同一珠宝首饰采用多种评估方法时，应当对所获得的各种测算结果进行分析，合理形成评估结论。

第五章 披露要求

第二十三条 无论单独出具珠宝首饰资产评估报告，还是将珠宝首饰评估作为资产评估报告的组成部分，都应当在资产评估报告中披露必要信息，使资产评估报告使用人能够正确理解评估结论。

第二十四条 编制珠宝首饰资产评估报告应当反映珠宝首饰评估的特点。通常包括以下内容：

（一）对评估对象的恰当描述，包括珠宝首饰的客观辨别特征和价值贡献特征。应当根据评估对象的特点和评估业务的具体情况，确定需要描述的内容，并突出描述影响价值结论的关键性特征。

（二）珠宝首饰评估的价值类型及其定义。

（三）评估程序实施过程描述，应当反映对珠宝首饰的实物调查、市场调查、鉴定分级、评定估算等过程。

（四）珠宝首饰质押及其他限制情况。

第二十五条 编制珠宝首饰资产评估报告时，可以根据评估业务的性质合理确定资产评估报告的详略程度。

第六章　附　　则

第二十六条　本准则自2017年10月1日起施行。中国资产评估协会于2009年12月18日发布的《关于印发〈投资性房地产评估指导意见（试行）〉和〈资产评估准则——珠宝首饰〉的通知》（中评协〔2009〕211号）中的《资产评估准则——珠宝首饰》同时废止。

资产评估执业准则——森林资源资产

2017年9月8日　中评协〔2017〕41号

第一章　总　　则

第一条　为规范森林资源资产评估行为，保护资产评估当事人合法权益和公共利益，根据《资产评估基本准则》制定本准则。

第二条　本准则所称森林资源资产，是指由特定主体拥有或者控制并能带来经济利益的，用于生产、提供商品和生态服务的森林资源，包括森林、林木、林地、森林景观、森林生态等。

第三条　本准则所称森林资源资产评估，是指资产评估机构及其资产评估专业人员遵守法律、行政法规和资产评估准则，根据委托对评估基准日特定目的下的森林资源资产价值进行评定和估算，并出具资产评估报告的专业服务行为。

第四条　执行森林资源资产评估业务，应当遵守本准则。

第二章　基本遵循

第五条　执行森林资源资产评估业务，应当具备森林资源资产评估的专业知识和实践经验，能够胜任所执行的森林资源资产评估业务。

当执行某项特定业务缺乏相关的专业知识和经验时，应当采取弥补措施，包括聘请林业专业技术人员或者相关专业机构协助工作等。

第六条　在对持续经营前提下的经济组织价值进行评估时，作为经济组织资产的组成部分，森林资源资产价值通常受其对经济组织贡献程度的影响。

第七条　执行森林资源资产评估业务，应当根据评估目的等相关条件，选择恰当的价值类型。

第八条　执行森林资源资产评估业务，应当考虑国家相关林业法规和政策，以及森林资源的自然属性、经营特性、使用期限、用途等因素对森林资源资产价值的影响。

执行涉及生态公益林等特殊用途的森林资源资产评估业务，除评估其经济价值外，还应当结合评估目的考虑是否评估其生态服务价值。

第九条 资产评估专业人员应当履行适当的评估程序，核实森林资源资产实物量及相关信息，分析经营管理的合理性，选择恰当的评估参数进行评定估算，编制和提交资产评估报告。

第三章 操作要求

第十条 执行森林资源资产评估业务，应当要求委托人明确森林资源资产评估目的、评估对象和范围。

第十一条 执行森林资源资产评估业务，应当根据评估目的和具体情况进行合理假设，并在资产评估报告中予以披露。

第十二条 资产评估专业人员应当要求委托人或者其他相关当事人明确森林资源资产的权属，出具林权证或者相关权属证明文件，并对其真实性、完整性、合法性做出承诺。资产评估专业人员应当对森林资源资产的权属资料进行核查验证。

第十三条 执行森林资源资产评估业务，应当要求委托人或者其他相关当事人提供森林资源资产实物量清单。

第十四条 森林资源资产实物量是价值评估的基础。资产评估专业人员在进行森林资源资产价值评定估算前，可以委托相关专业机构对委托人或者其他相关当事人提供的森林资源资产实物量清单进行现场核查，由核查机构出具核查报告。

第十五条 当森林资源资产实物量清单由相关专业机构为满足所进行的资产评估需求，通过开展调查工作，以出具调查报告方式确定时，资产评估专业人员可以对调查工作进行现场核查。

第十六条 资产评估专业人员应当依法对森林资源资产评估活动中使用的资料进行核查验证。

第四章 评估方法

第十七条 执行森林资源资产评估业务，应当根据评估对象、评估目的、价值类型、资料收集等情况，分析市场法、收益法和成本法三种资产评估基本方法的适用性，选择评估方法。

第十八条 采用市场法评估森林资源资产时，应当考虑：

（一）森林资源资产市场的活跃程度，市场提供足够数量可比森林资源资产交易数据的可能性及其可靠性；

（二）森林资源所在地域的差异性对森林资源资产交易价格的影响；

（三）森林资源资产的用途和功能对交易价格的影响；

（四）不同林分质量、立地等级、地利条件、交易情况等因素对森林资源资产价值的影响。

第十九条 采用收益法评估森林资源资产时，应当考虑：

（一）森林资源结构、功能、质量、自然生长力等对收益的影响；

（二）森林资源管理相关法律、行政法规、财政补贴政策、采伐制度等对收益的影响；
（三）根据森林资源资产的特点、经营类型、风险因素等相关条件合理确定折现率；
（四）森林资源采伐方式和采伐周期对收益的影响。
第二十条 采用成本法评估森林资源资产时，应当考虑：
（一）森林资源培育过程的复杂性对成本的影响；
（二）森林资源经营的长期性对价值的影响；
（三）森林资源质量对价值的影响；
（四）森林资源培育技术、林地利用方式等造成的影响。
第二十一条 执行森林资源资产评估业务，应当关注各龄组之间计算结果的合理性。

第五章 披露要求

第二十二条 无论单独出具森林资源资产评估报告，还是将森林资源资产评估作为资产评估报告的组成部分，都应当在资产评估报告中披露必要信息，使资产评估报告的使用人能够正确理解评估结论。

第二十三条 资产评估专业人员应当在资产评估报告中对森林资源资产的权属状况、自然条件、地理分布、生产经营情况进行恰当描述。对评估范围内具有典型代表性或者经济价值高的森林资源资产，应当进行重点描述。

第二十四条 资产评估专业人员应当在资产评估报告中披露利用森林资源资产核查报告的情况。

第二十五条 资产评估专业人员应当在资产评估报告中披露重大事项对评估结论可能产生的影响，包括林地使用费用支付方式的影响等。

第二十六条 资产评估专业人员应当在资产评估报告中披露森林资源资产存在的抵押及其他权利受限情形。

第二十七条 资产评估专业人员应当将森林资源资产的权属证明、图面材料等资料作为资产评估报告的附件。法律、行政法规另有规定的从其规定。

第六章 附 则

第二十八条 本准则自 2017 年 10 月 1 日起施行。中国资产评估协会于 2012 年 12 月 28 日发布的《关于印发〈资产评估准则——森林资源资产〉的通知》（中评协〔2012〕245 号）同时废止。

企业国有资产评估报告指南

2017年9月8日　中评协〔2017〕42号

第一章　总　　则

第一条　为规范企业国有资产评估报告编制和出具行为，保护资产评估当事人合法权益和公共利益，根据国有资产评估管理有关规定和《资产评估执业准则——资产评估报告》制定本指南。

第二条　资产评估机构及其资产评估师根据企业国有资产评估管理的有关规定开展资产评估业务，编制和出具企业国有资产评估报告，应当遵守本指南。

金融企业和行政事业单位国有资产评估报告另行规范。

第三条　本指南所指企业国有资产评估报告（以下简称资产评估报告），由标题及文号、目录、声明、摘要、正文、附件、评估明细表和评估说明构成。

第四条　资产评估机构及其资产评估师应当清晰、准确陈述资产评估报告内容，不得使用误导性的表述。

第五条　资产评估报告提供的信息，应当使企业国有资产监督管理机构和相关机构能够全面了解资产评估情况，使资产评估报告使用人正确理解评估结论。

第六条　资产评估报告内容应当完整，符合本指南的要求。

第二章　标题及文号、目录、声明和摘要

第七条　资产评估报告标题应当简明清晰，一般采用“企业名称+经济行为关键词+评估对象+资产评估报告”的形式。

资产评估报告文号包括资产评估机构特征字、种类特征字、年份、报告序号。

第八条　目录应当包括每一部分的标题和相应页码。

第九条　资产评估报告声明通常包括以下内容：

（一）本资产评估报告依据财政部发布的资产评估基本准则和中国资产评估协会发布的资产评估执业准则和职业道德准则编制。

（二）委托人或者其他资产评估报告使用人应当按照法律、行政法规规定和资产评估报

告载明的使用范围使用资产评估报告；委托人或者其他资产评估报告使用人违反前述规定使用资产评估报告的，资产评估机构及其资产评估师不承担责任。

（三）资产评估报告仅供委托人、资产评估委托合同中约定的其他资产评估报告使用人和法律、行政法规规定的资产评估报告使用人使用；除此之外，其他任何机构和个人不能成为资产评估报告的使用人。

（四）资产评估报告使用人应当正确理解评估结论，评估结论不等同于评估对象可实现价格，评估结论不应当被认为是对评估对象可实现价格的保证。

（五）资产评估机构及其资产评估师遵守法律、行政法规和资产评估准则，坚持独立、客观、公正的原则，并对所出具的资产评估报告依法承担责任。

（六）资产评估报告使用人应当关注评估结论成立的假设前提、资产评估报告特别事项说明和使用限制。

（七）其他需要声明的内容。

第十条　资产评估报告摘要应当简明扼要地反映经济行为、评估目的、评估对象和评估范围、价值类型、评估基准日、评估方法、评估结论及其使用有效期、对评估结论产生影响的特别事项等关键内容。

资产评估报告摘要应当采用下述文字提醒资产评估报告使用人阅读全文：“以上内容摘自资产评估报告正文，欲了解本评估业务的详细情况和正确理解评估结论，应当阅读资产评估报告正文。”

第三章　正　　文

第十一条　资产评估报告正文应当包括：

（一）绪言；

（二）委托人、被评估单位和资产评估委托合同约定的其他资产评估报告使用人概况；

（三）评估目的；

（四）评估对象和评估范围；

（五）价值类型；

（六）评估基准日；

（七）评估依据；

（八）评估方法；

（九）评估程序实施过程和情况；

（十）评估假设；

（十一）评估结论；

（十二）特别事项说明；

（十三）资产评估报告使用限制说明；

（十四）资产评估报告日；

（十五）签名盖章。

第十二条　绪言一般采用包含下列内容的表述格式：

“×××（委托人全称）：

×××（资产评估机构全称）接受贵单位（公司）的委托，按照法律、行政法规和资产评估准则的规定，坚持独立、客观和公正的原则，采用×××评估方法（评估方法名称），按照必要的评估程序，对×××（委托人全称）拟实施×××行为（事宜）涉及的×××（资产——单项资产或者资产组合、企业整体价值、股东全部权益、股东部分权益）在××××年××月××日的××价值（价值类型）进行了评估。现将资产评估情况报告如下。”

第十三条　资产评估报告正文应当介绍委托人、被评估单位和资产评估委托合同约定的其他资产评估报告使用人的概况：

（一）委托人和资产评估委托合同约定的其他资产评估报告使用人概况一般包括名称、法定住所及经营场所、法定代表人、注册资本及主要经营范围等。

（二）企业价值评估中，被评估单位概况一般包括：

1. 名称、法定住所及经营场所、法定代表人、主要经营范围、注册资本、公司股东及持股比例、股权变更情况及必要的公司产权和经营管理结构、历史情况等；

2. 近三年资产、财务、经营状况；

3. 委托人和被评估单位之间的关系（如产权关系、交易关系）。

（三）单项资产或者资产组合评估，被评估单位概况一般包括名称、法定住所及经营场所、法定代表人、注册资本及主要经营范围等。

（四）委托人与被评估单位为同一企业，按对被评估单位的要求编写。

（五）存在交叉持股的，应当列示交叉持股图并简述交叉持股关系及是否属于同一控制的情形。

（六）存在关联交易的，应当说明关联方、交易方式等基本情况。

第十四条　资产评估报告应当说明本次资产评估的目的及其所对应的经济行为，并说明该经济行为获得批准的相关情况或者其他经济行为依据。

第十五条　资产评估报告应当对评估对象进行具体描述，以文字、表格的方式说明评估范围。

企业价值评估中，应当说明下列内容：

（一）委托评估对象和评估范围与经济行为涉及的评估对象和评估范围是否一致，不一致的应当说明原因，并说明是否经过审计；

（二）企业申报的表外资产的类型、数量；

（三）引用其他机构出具的报告结论所涉及的资产类型、数量和账面金额（或者评估值）。

单项资产或者资产组合评估，应当说明委托评估资产的数量（如土地面积、建筑物面积、设备数量、无形资产数量等）、法律权属状况、经济状况和物理状况等。

第十六条　资产评估报告应当明确价值类型及其定义。选择市场价值以外的价值类型，还应当说明价值类型选择理由。

第十七条　资产评估报告应当说明评估基准日及确定评估基准日所考虑的主要因素，包括下列主要内容：

（一）本项目评估基准日是××××年××月××日；

（二）确定评估基准日所考虑的主要因素（如经济行为的实现、会计期末、利率和汇率变化等）。

第十八条　资产评估报告应当说明本次评估业务所对应的经济行为、法律法规、评估准则、权属、取价等依据。

（一）经济行为依据应当为有效批复文件以及可以说明经济行为及其所涉及的评估对象与评估范围的其他文件资料；

（二）法律法规依据通常包括与国有资产评估有关的法律法规等；

（三）评估准则依据包括本评估业务中依据的相关资产评估准则和相关规范；

（四）权属依据通常包括国有资产产权登记证书、基准日股份持有证明、出资证明、国有土地使用证（或者国有土地使用权出让合同）、房屋所有权证、房地产权证（或者不动产权证书）、采矿许可证、勘查许可证、林权证、专利证（发明专利证书、实用新型专利证书、外观设计专利证书）、商标注册证、著作权（版权）相关权属证明、船舶所有权登记证书、船舶国籍证书、机动车行驶证、有关产权转让合同、其他权属证明文件等；

（五）取价依据通常包括企业提供的财务会计、经营方面的资料，国家有关部门发布的统计资料、技术标准和政策文件，以及评估机构收集的有关询价资料、参数资料等；

（六）其他参考依据。

第十九条　资产评估报告应当说明所选用的评估方法及其理由。

未采用两种以上评估方法进行评估，资产评估报告应当披露其他基本评估方法不适用的原因或者所受的操作限制。

采用两种以上方法进行评估的，还应当说明评估结论确定的方法。

第二十条　资产评估报告应当说明自接受资产评估业务委托起至出具资产评估报告的主要评估工作过程，一般包括以下内容：

（一）接受项目委托，确定评估目的、评估对象与评估范围、评估基准日，拟定评估计划等过程；

（二）指导被评估单位清查资产、准备评估资料，核实资产与验证资料等过程；

（三）选择评估方法、收集市场信息和估算等过程；

（四）评估结果汇总、评估结论分析、撰写报告和内部审核等过程。

第二十一条　资产评估报告应当说明资产评估所使用的假设。

第二十二条　资产评估报告应当以文字和数字形式清晰说明评估结论，并明确评估结论的使用有效期。评估结论通常是确定的数值。境外企业国有资产评估报告的评估结论可以用区间值表达。

（一）采用资产基础法进行企业价值评估，应当以文字形式说明资产、负债、所有者权益（净资产）的账面价值、评估价值及其增减幅度，并同时采用评估结果汇总表反映评估结论；

（二）单项资产或者资产组合评估，应当以文字形式说明账面价值、评估价值及其增减幅度；

（三）采用两种以上方法进行企业价值评估，除单独说明评估价值和增减变动幅度外，应当说明两种以上评估方法结果的差异及其原因和最终确定评估结论的理由；

（四）存在多家被评估单位的项目，应当分别说明评估价值；

（五）评估结论为区间值的，应当在区间之内确定一个最大可能值，并说明确定依据。

第二十三条 资产评估报告应当说明评估程序受到的限制、评估特殊处理、评估结论瑕疵等特别事项，以及期后事项，通常包括下列内容：

（一）引用其他机构出具报告结论的情况，并说明承担引用不当的相关责任；

（二）权属资料不全面或者存在瑕疵的情形；

（三）评估程序受到限制的情形；

（四）评估资料不完整的情形；

（五）评估基准日存在的法律、经济等未决事项；

（六）担保、租赁及其或有负债（或有资产）等事项的性质、金额及与评估对象的关系；

（七）评估基准日至资产评估报告日之间可能对评估结论产生影响的事项；

（八）本次资产评估对应的经济行为中，可能对评估结论产生重大影响的瑕疵情形。

资产评估报告应当说明对特别事项的处理方式、特别事项对评估结论可能产生的影响，并提示资产评估报告使用人关注其对经济行为的影响。

第二十四条 资产评估报告使用限制应当载明：

（一）使用范围；

（二）委托人或者其他资产评估报告使用人未按照法律、行政法规规定和资产评估报告载明的使用范围使用资产评估报告的，资产评估机构及其资产评估师不承担责任；

（三）除委托人、资产评估委托合同中约定的其他资产评估报告使用人和法律、行政法规规定的资产评估报告使用人之外，其他任何机构和个人不能成为资产评估报告的使用人；

（四）资产评估报告使用人应当正确理解评估结论，评估结论不等同于评估对象可实现价格，评估结论不应当被认为是对评估对象可实现价格的保证。

第二十五条 资产评估报告应当载明资产评估报告日。

资产评估报告日通常为评估结论形成的日期，可以不同于资产评估报告的签发日。

第二十六条 资产评估报告正文应当由至少两名承办该评估业务的资产评估师签名，并加盖资产评估机构印章。

声明、摘要和评估明细表上通常不需要另行签名盖章。

第四章 附 件

第二十七条 资产评估报告附件内容应当与评估目的、评估方法、评估结论相关联，通常包括下列内容：

（一）与评估目的相对应的经济行为文件；

（二）被评估单位专项审计报告；

（三）委托人和被评估单位法人营业执照；

（四）委托人和被评估单位产权登记证；

（五）评估对象涉及的主要权属证明资料；

（六）委托人和其他相关当事人的承诺函；

（七）签名资产评估师的承诺函；

（八）资产评估机构备案文件或者资格证明文件；

（九）资产评估机构法人营业执照副本；

（十）负责该评估业务的资产评估师资格证明文件；

（十一）资产评估委托合同；

（十二）其他重要文件。

第二十八条　资产评估报告附件内容及其所涉及的签章应当清晰、完整，相关内容应当与资产评估报告摘要、正文一致。资产评估报告附件为复印件的，应当与原件一致。

第二十九条　按照法律、行政法规规定需要进行专项审计的，应当将企业提供的与经济行为相对应的评估基准日专项审计报告（含会计报表和附注）作为资产评估报告附件。按有关规定无需进行专项审计的，应当将企业确认的与经济行为相对应的评估基准日企业财务报表作为资产评估报告附件。

如果引用其他机构出具的报告结论，根据现行有关规定，所引用的报告应当经相应主管部门批准（备案）的，应当将相应主管部门的相关批准（备案）文件作为资产评估报告的附件。

第五章　评估明细表

第三十条　评估明细表可以根据本指南的基本要求和企业会计核算所设置的会计科目，结合评估方法特点进行编制。

（一）单项资产或者资产组合评估、采用资产基础法进行企业价值评估，评估明细表包括按会计科目设置的资产、负债评估明细表和各级汇总表；

（二）采用收益法进行企业价值评估，可以根据收益法评估参数和盈利预测项目的构成等具体情况设计评估明细表的格式和内容；

（三）采用市场法进行企业价值评估，可以根据评估技术说明的详略程度决定是否单独编制符合市场法特点的评估明细表。

第三十一条　资产、负债会计科目的评估明细表格式和内容基本要求如下：

（一）表头应当含有资产或负债类型（会计科目）名称、被评估单位、评估基准日、表号、金额单位、页码。

（二）表中应当含有资产负债的名称（明细）、经营业务或者事项内容、技术参数、发生（购、建、创）日期、账面价值、评估价值、评估增减幅度等基本内容。必要时，在备注栏对技术参数或者经营业务、事项情况进行注释。

（三）表尾应当标明被评估单位填表人员、填表日期和评估人员。

（四）评估明细表按会计明细科目、一级科目逐级汇总，并编制资产负债表（方式）的评估汇总表及以人民币万元为金额单位的评估结果汇总表。

（五）会计计提的减值准备在相应会计科目（资产负债类型）合计项下和相关科目汇总表中列示。

（六）评估结果汇总表应当按以下顺序和项目内容列示：流动资产、非流动资产、资产总计、流动负债、非流动负债、负债总计、净资产等类别和项目。

第三十二条　采用收益法中的现金流量折现法进行企业价值评估，评估明细表通常包括以下内容：

（一）资产负债、利润调整表（如果有调整时）；

（二）现金流量测算表；

（三）营业收入预测表；

（四）营业成本预测表；

（五）营业税金及附加预测表；

（六）销售费用预测表；

（七）管理费用预测表；

（八）财务费用预测表；

（九）营运资金预测表；

（十）折旧摊销预测表；

（十一）资本性支出预测表；

（十二）折现率计算表；

（十三）溢余资产和非经营性资产分析表。

第三十三条　收益法评估明细表表头应当含有评估参数或者预测项目名称、被评估单位、评估基准日、表号、金额单位等。

第三十四条　被评估单位为两家以上的，评估明细表应当按被评估单位分别归集，自成体系。

第六章　评估说明

第三十五条　评估说明包括评估说明使用范围声明、委托人和被评估单位编写的《企业关于进行资产评估有关事项的说明》和资产评估师编写的《资产评估说明》。

第三十六条　关于评估说明使用范围的声明，应当写明评估说明使用单位或部门的范围及限制条款。

第三十七条　委托人和被评估单位可以共同编写或者分别编写《企业关于进行资产评估有关事项的说明》。委托人单位负责人和被评估单位负责人应当对所编写的说明签名，加盖相应单位公章并签署日期。

《企业关于进行资产评估有关事项的说明》包括以下内容：

（一）委托人、被评估单位各自概况；

（二）关于经济行为的说明；

（三）关于评估对象与评估范围的说明；

（四）关于评估基准日的说明；

（五）可能影响评估工作的重大事项说明；

（六）资产负债情况、未来经营和收益状况预测说明；

（七）资料清单。

第三十八条　《资产评估说明》是对评估对象进行核实、评定估算的详细说明，应当包括以下内容：

（一）评估对象与评估范围说明；

（二）资产核实总体情况说明；

（三）评估技术说明；

（四）评估结论及分析。

第三十九条 评估对象与评估范围说明应当根据企业价值评估、单项资产或者资产组合评估的不同情况确定内容的详略程度。

第四十条 资产核实总体情况说明通常包括人员组织、实施时间、核实过程、影响事项及处理方法、核实结论。

第四十一条 评估技术说明应当考虑不同经济行为和不同评估方法的特点介绍评定估算的思路及过程。

第四十二条 采用成本法评估单项资产或者资产组合、采用资产基础法评估企业价值，应当根据评估业务的具体情况以及资产负债类型编写评估技术说明。各项资产负债评估技术说明应当包含资产负债的内容和金额、核实方法、评估值确定的方法和结论等基本内容。

第四十三条 采用收益法或者市场法评估企业价值，评估技术说明通常包括以下内容：

（一）影响企业经营的宏观、区域经济因素；

（二）所在行业现状与发展前景；

（三）企业的业务情况；

（四）企业的资产、财务分析和调整情况；

（五）评估方法的运用过程。

第四十四条 采用收益法进行企业价值评估，应当根据行业特点、企业经营方式和所确定的预期收益口径以及评估的其他具体情况等编写评估技术说明。企业的资产、财务分析和调整情况以及评估方法运用过程说明通常包括以下内容：

（一）收益法的应用前提及选择理由和依据；

（二）收益预测的假设条件；

（三）企业经营、资产、财务分析；

（四）收益模型选择理由及基本参数说明；

（五）收益期限及预测期的说明；

（六）收益预测的说明；

（七）折现率的确定说明；

（八）预测期后价值确定说明；

（九）其他资产和负债评估说明；

（十）评估价值。

第四十五条 采用市场法进行企业价值评估，应当根据行业特点、被评估单位实际情况以及上市公司比较法或者交易案例比较法的特点等编写评估技术说明。企业的资产、财务分析和调整情况以及评估方法运用过程说明通常包括以下内容：

（一）具体方法、应用前提及选择理由；

（二）企业经营、资产、财务分析；

（三）分析选取确定可比企业或者交易案例的说明；

（四）价值比率的选择及因素修正说明；

（五）评估对象价值比率的测算说明；

（六）评估价值。

第四十六条　评估结论及分析通常包括以下内容：

（一）评估结论，采用两种或两种以上方法进行企业价值评估，应当说明不同评估方法结果的差异及其原因和最终确定评估结论的理由；

（二）评估价值与账面价值比较变动情况及说明；

（三）折价或者溢价情况（如有）。

第七章　出具与装订

第四十七条　资产评估报告应当使用中文撰写。需要同时出具外文资产评估报告的，以中文资产评估报告为准。

评估结论一般以人民币为计量币种，使用其他币种表示的，应当注明该币种与人民币在评估基准日的汇率。

第四十八条　资产评估报告封面应当载明资产评估报告标题及文号、资产评估机构全称和资产评估报告日。

第四十九条　资产评估报告标题及文号一般在封面上方居中位置，资产评估机构名称及资产评估报告日应当在封面下方居中位置。资产评估报告应当用A4规格纸张印刷。

第五十条　资产评估报告一般分册装订，各册应当具有独立的目录。

声明、摘要、正文和附件合订成册，其目录中应当含有其他册的目录，但其他册目录的页码不予标注。评估说明和评估明细表一般分别独立成册。必要时附件可以独立成册。

单独成册的，其封面格式、标题中的“企业名称+经济行为关键词+评估对象”及文号等应当与资产评估报告相关格式和内容保持一致。

评估明细表一般按会计科目顺序装订。

第五十一条　资产评估报告封底或者其他适当位置应当标注资产评估机构名称、地址、邮政编码、联系电话、传真、电子邮箱等。

第八章　附　　则

第五十二条　本指南自2017年10月1日起施行。中国资产评估协会于2011年12月30日发布的《关于修改评估报告等准则中有关签章条款的通知》（中评协〔2011〕230号）中的《企业国有资产评估报告指南》同时废止。

附：1.“声明”编写指引（供参考）

2.“资产评估师承诺函”编写指引（供参考）

3.《企业关于进行资产评估有关事项的说明》编写指引（供参考）

4.《资产评估说明》编写指引（供参考）

附 1

“声明”编写指引

（供参考）

一、本资产评估报告依据财政部发布的资产评估基本准则和中国资产评估协会发布的资产评估执业准则和职业道德准则编制。

二、委托人或者其他资产评估报告使用人应当按照法律、行政法规规定和本资产评估报告载明的使用范围使用资产评估报告；委托人或者其他资产评估报告使用人违反前述规定使用资产评估报告的，本资产评估机构及资产评估师不承担责任。

本资产评估报告仅供委托人、资产评估委托合同中约定的其他资产评估报告使用人和法律、行政法规规定的资产评估报告使用人使用；除此之外，其他任何机构和个人不能成为资产评估报告的使用人。

本资产评估机构及资产评估师提示资产评估报告使用人应当正确理解评估结论，评估结论不等同于评估对象可实现价格，评估结论不应当被认为是对评估对象可实现价格的保证。

三、本资产评估机构及资产评估师遵守法律、行政法规和资产评估准则，坚持独立、客观和公正的原则，并对所出具的资产评估报告依法承担责任。

四、评估对象涉及的资产、负债清单由委托人、被评估单位申报并经其采用签名、盖章或法律允许的其他方式确认；委托人和其他相关当事人依法对其提供资料的真实性、完整性、合法性负责。

五、本资产评估机构及资产评估师与资产评估报告中的评估对象没有现存或者预期的利益关系；与相关当事人没有现存或者预期的利益关系，对相关当事人不存在偏见。

六、资产评估师已经（或者未）对资产评估报告中的评估对象及其所涉及资产进行现场调查；已经对评估对象及其所涉及资产的法律权属状况给予必要的关注，对评估对象及其所涉及资产的法律权属资料进行了查验，对已经发现的问题进行了如实披露，并且已提请委托人及其他相关当事人完善产权以满足出具资产评估报告的要求。

七、本资产评估机构出具的资产评估报告中的分析、判断和结果受资产评估报告中假设和限制条件的限制，资产评估报告使用人应当充分考虑资产评估报告中载明的假设、限制条件、特别事项说明及其对评估结论的影响。

附2

“资产评估师承诺函”编写指引

（供参考）

×××公司（单位）：

受你单位的委托，我们对你单位拟实施×××行为（事宜）所涉及的×××（资产——单项资产或者资产组合、企业整体价值、股东全部权益、股东部分权益），以××××年××月××日为基准日进行了评估，形成了资产评估报告。在本报告中披露的假设条件成立的前提下，我们承诺如下：

一、具备相应的职业资格。

二、评估对象和评估范围与资产评估委托合同的约定一致。

三、对评估对象及其所涉及的资产进行了必要的核实。

四、根据资产评估准则选用了评估方法。

五、充分考虑了影响评估价值的因素。

六、评估结论合理。

七、评估工作未受到非法干预并独立进行。

资产评估师签名：

年　　月　　日

附 3

《企业关于进行资产评估有关事项的说明》编写指引

（供参考）

一、委托人、被评估单位概况

（一）委托人概况

1. 企业名称及简称、住所、注册资本、法定代表人。

2. 企业性质、企业历史沿革（包括隶属关系的演变）。

3. 经营业务范围及主要经营业绩。

（二）被评估单位概况

1. 企业名称及简称、住所、注册资本、法定代表人。

2. 企业性质、企业历史沿革（包括隶属关系的演变）。

3. 经营业务范围及主要经营业绩。

4. 近三年来企业的资产、财务、负债状况和经营业绩，已经审计的应当说明注册会计师发表的意见，以往不良资产处置情况。

5. 主要产品品种、生产能力，近年实际生产量、销售量，主要市场及其市场占有率，本企业产品在同类产品市场的地位，主要原材料、能源供应情况，环境污染及治理情况。

6. 形成企业主要生产能力的状况，正在或者计划进行的投资项目简况，企业的主要资产状况。

7. 执行的主要会计政策，生产经营是否存在国家政策、法规的限制或者优惠，生产经营的优势分析和各种因素风险。

（三）委托人与被评估单位的关系

1. 委托人与被评估单位的关系一般包括产权关系、行政隶属关系、交易关系等。

2. 存在两家以上被评估单位，应当分别予以介绍。

3. 委托人与被评估单位为同一企业，按被评估单位要求的内容与格式编写。

4. 存在交叉持股的，还应当列示交叉持股图并简述交叉持股关系以及是否属于同一控制的情形。

5. 存在关联交易的，应当说明关联方、交易方式等基本情况。

二、关于经济行为的说明

（一）说明本次资产评估满足何种需要、所对应的经济行为类型及其经济行为获得批准的相关情况，或者其他经济行为依据。

（二）获得有关部门批准的，应当载明批件名称、批准日期及文号。

三、关于评估对象与评估范围的说明

（一）说明委托评估对象，评估范围内资产和负债的类型、账面金额以及审计情况。

（二）对于经营租入资产、特许使用的资产以及没有会计记录的无形资产应当特别说明是否纳入评估范围及其理由。

（三）如果在评估目的实现前有不同的产权持有单位，应当列表载明各产权持有单位待评估资产的类型、账面金额等。

（四）账面资产是否根据以往资产评估结论进行了调账。

（五）本次评估前是否存在不良资产核销或者资产剥离行为等。

四、关于评估基准日的说明

（一）说明所确定的评估基准日，评估基准日表述为：××××年××月××日。

（二）说明确定评估基准日的理由，如果评估基准日受特定经济行为文件的约束，应当载明该文件的名称、批准日期及文号。

五、可能影响评估工作的重大事项的说明

一般包括下列内容：

（一）曾经进行过清产核资或者资产评估的情况，调账情况。

（二）影响生产经营活动和财务状况的重大合同、重大诉讼事项。

（三）抵（质）押及其或有负债、或有资产的性质、金额及其对应资产负债情况。

（四）账面未记录的资产负债的类型及其估计金额。

六、资产负债清查情况、未来经营和收益状况预测的说明

（一）资产负债清查情况说明

一般包括下列内容：

1. 列入清查范围的资产负债的种类、账面金额，产权状况，实物资产分布地点及特点。

2. 清查工作的组织如时间计划、实施方案。

3. 清查所采取的措施，待处理、待报废固定资产，高、精、尖设备和特殊建筑物以及毁损、变质存货检测或者鉴定的情况。

4. 清查中发现的盘盈、盘亏、毁损、变质、报废存货的数量和金额的确定情况、呆坏账损失及无需偿付负债的判断及原因分析。

（二）未来经营和收益状况预测说明

一般包括下列内容：

1. 所在行业相关经济要素及发展前景、生产经营历史情况、面临的竞争情况及优劣势分析。

2. 内部管理制度、人力资源、核心技术、研发状况、无形资产、管理层构成等经营管理状况。

3. 近年企业资产、负债、权益、盈利、利润分配、现金流量等资产财务状况。

4. 未来主营收入、成本、费用等的预测过程和结果。

5. 如果企业存在关联交易，应当说明关联交易性质及定价原则等。

七、资料清单

一般包括下列内容：

1. 资产评估申报表（由资产评估机构出具样式）；

2. 相关经济行为的批文；
3. 审计报告；
4. 资产权属证明文件、产权证明文件；
5. 重大合同、协议等；
6. 生产经营统计资料；
7. 其他资料。

附 4

《资产评估说明》编写指引

（供参考）

资产评估说明是申请备案核准资产评估业务的必备材料，为方便企业国有资产监督管理机构和相关机构全面了解资产评估情况，本指引结合国有资产评估业务备案核准的要求，为资产评估机构及其资产评估师编写资产评估说明提供指引。

第一部分　资产评估说明封面及目录

一、封面

资产评估说明封面应当载明下列内容：

1. 标题（一般采用“企业名称 + 经济行为关键词 + 评估对象 + 资产评估说明”的形式）。

2. 资产评估报告文号。

3. 资产评估机构名称。

4. 资产评估报告日。

二、目录

1. 目录应当在封面的下一页排印，包括每一部分的标题和相应页码。

2. 如果资产评估说明中收录有关文件或者资料的复印件，应当统一标注页码。

第二部分　关于资产评估说明使用范围的声明

声明应当写明，资产评估说明供国有资产监督管理机构（含所出资企业）、相关监管机构和部门使用。除法律、行政法规规定外，材料的全部或者部分内容不得提供给其他任何单位和个人，不得见诸公开媒体。

第三部分　资产评估说明正文

一、评估对象与评估范围说明

（一）评估对象与评估范围内容

1. 说明委托评估的评估对象与评估范围。

2. 说明委托评估的资产类型、账面金额。

3. 说明委托评估的资产权属状况（含应当评估的相关负债）。

（二）实物资产的分布情况及特点

1. 说明实物资产的类型、数量、分布情况和存放地点。

2. 说明实物资产的技术特点、实际使用情况、大修理及改扩建情况等。

（三）企业申报的账面记录或者未记录的无形资产情况。

（四）企业申报的表外资产（如有申报）的类型、数量。

（五）引用其他机构出具的报告的结果所涉及的资产类型、数量和账面金额（或者评估值）。

单项资产或者资产组合评估，可以根据具体情况确定内容的详略程度。

二、资产核实情况总体说明

（一）资产核实人员组织、实施时间和过程

（二）影响资产核实的事项及处理方法

1. 一般包括资产性能的限制、存放地点的限制、诉讼保全的限制、技术性能的局限、涉及商业秘密和国家秘密，以及评估基准日时正在进行的大修理、改扩建情况等。

2. 对于不能采用现场调查方式直接核实的资产，应当说明原因、涉及范围及处理方法。

（三）核实结论

1. 资产核实结论。

2. 资产核实结果是否与账面记录存在差异及其程度。

3. 权属资料不完善等权属不清晰的资产。

4. 企业申报的账外资产的核实结论。

三、评估技术说明

（一）资产基础法或者成本法

采用成本法评估单项资产或者资产组合、采用资产基础法评估企业价值，应当根据评估业务的具体情况，以及资产负债类型，编写评估技术说明。各资产负债评估技术说明应当包含资产负债的内容和金额、核实方法、评估值确定的方法和结果等基本内容。

常见的资产负债类型，评估技术说明编写内容指引如下。

1. 货币资金。

（1）货币资金的内容（包括库存现金、银行存款及其他货币资金）和金额。

（2）现金存放地点、核实方法和过程。

（3）查阅银行对账单、银行余额调节表的情况；银行账户函证情况及不符情况下的处理方式；并说明未达账项（如存在）是否影响净资产及其金额。

（4）其他货币资金的类型（银行汇票存款、银行本票存款、信用卡存款、信用证保证金存款、存出投资款、外埠存款等）及核实方法、评估值确定的方法。

（5）如果现金出现负数，应当说明原因及评估处理方式。

（6）评估结果及差异。

2. 交易性金融资产。

（1）交易性金融资产的种类（包括企业为交易目的所持有的债券、股票、基金及其他交易性金融资产等）、形成时间及对应的金额。

（2）交易性金融资产的核实方法和结果。

（3）交易性金融资产公允价值的形成，以及交易性金融资产的变现能力。

（4）上市交易的债券、股票、基金应当说明评估基准日前后一段时间内的交易价格、持有量及评估计算过程；非上市的债券、股票、基金应当说明票面利率或者约定利率及评估计算过程。

（5）交易性金融资产公允价值与评估价值类型的一致性，并说明评估值确定的方法和结果。

3. 应收票据。

（1）应收票据的种类（银行承兑汇票和商业承兑汇票）和金额。

（2）查阅票据凭证过程及结果，已变现应收票据的数额。

（3）可能形成坏账的应收票据的判断依据及评估值的确定过程及结论；并列示已成为坏账应收票据的证据。

4. 应收账款、应收股利、应收利息、预付账款和其他应收款。

（1）应收账款、应收股利、应收利息、预付账款和其他应收款的主要业务内容和对应金额。

（2）应收账款、应收股利、应收利息、预付账款和其他应收款核实的方法及结果。

（3）应收账款、应收股利、应收利息、预付账款和其他应收款发生时间和原因，收回的可能性的判断过程及结果。

（4）可能形成坏账款项的判断依据及评估值确定的过程及结论；并列示已成为坏账的应收账款、应收股利、应收利息、预付账款和其他应收款的证据。

（5）坏账准备的评估处理。

5. 存货。

（1）存货的种类、金额等。应当分别按材料采购（在途物资）、原材料、在库周转材料、委托加工物资、产成品（库存商品）、在产品（自制半成品）、发出商品、在用周转材料等进行说明。

（2）存货数量和品质核实的方法、过程和结论。

（3）外购存货账面记录的构成，并分析构成的合理性，说明市场价格的查询情况。

（4）自制存货的销售成本费用率及相关税费额或者比率的确定方法和数额。

（5）对外销售存货的适销程度及判断理由。

（6）在用存货成新率的确定方法。

（7）失效、变质、残损、无用等存货的可变现价值的判断过程和结论，或者技术鉴定（如需要）情况及可变现价值的判断情况。技术鉴定应当说明鉴定方法及鉴定结论。

6. 一年内到期的非流动资产。

（1）一年内到期的非流动资产的内容和金额。

（2）一年内到期的非流动资产核实的方法和结论。

（3）一年内到期的非流动资产评估值确定的方法和结论。

7. 其他流动资产。

（1）其他流动资产的内容和金额。

（2）其他流动资产核实的方法和结论。

（3）其他流动资产评估值确定的方法和结论。

8. 可供出售金融资产。

（1）可供出售金融资产的种类（股票投资、债券投资、其他投资）、发生时间和对应金额。

（2）可供出售金融资产核实的方法和结论。

（3）可供出售金融资产公允价值与评估价值类型的一致性，并说明评估值确定的方法和结论。

9. 持有至到期投资。

（1）持有至到期投资的内容和金额。

（2）持有至到期投资核实的方法和结论。

（3）持有至到期投资可收回金额的判断理由，并说明评估值确定的方法、过程和结论。

10. 长期应收款。

（1）长期应收款的内容和金额。

（2）长期应收款核实的方法和结论。

（3）长期应收款评估值确定的方法和结论。

（4）无法收回的长期应收款的判断理由和依据。

（5）坏账准备的评估处理。

11. 长期股权投资。

（1）长期股权投资的内容和金额。

（2）长期股权投资核实的内容（投资日期、持股比例、投资协议等）、方法和结论。

（3）控股长期股权投资，应当说明对被投资企业的企业价值进行评估的情况以及评估结论，并说明控股长期股权投资评估值确定的方法和结论。

（4）非控股长期股权投资，应当按投资项目分别说明非控股长期股权投资评估值确定的方法和结论。

12. 投资性房地产。

（1）投资性房地产的种类、内容和金额。

（2）投资性房地产核实的方法和结论。并应当说明投资性房地产权属资料的查验情况、租赁合同约定的租金、租赁期限等内容。

（3）采用收益法评估投资性房地产，应当说明现实租赁合同约定的租金、租赁期限，租赁合同到期后租金的确定方法，折现率确定方法和结论，评估值确定的方法和结论；采用市场法评估投资性房地产，应当说明可比交易实例的选取、可比因素比较调整、评估值确定的方法和结论。

（4）公允价值计量的投资性房地产，应当说明评估值与公允价值及其变动的差异及原因。

13. 固定资产。

（1）机器设备类固定资产。

1）机器设备类固定资产的数量、账面原值、账面净值、减值准备等。

2）机器设备类固定资产的特点、购置日期、类别、工艺流程、技术状况、日常维护和管理制度、折旧及计提减值政策等。

3）机器设备类固定资产核实的方法和结论。

4）评估方法选取的依据和理由，并列示主要计算公式、参数涵义及参数确定的方法。

5）采用成本法评估，应当说明重置全价的构成、各费用项目的测算过程、采用的价格和费用标准等；说明设备成新状况（或者增值贬值因素）以及进行量化的方法及依据。对于待修理设备，应当说明修复的可能性及预计费用。

6）采用收益法（对可单独获利的机器设备）评估，应当说明其收益状况及收益额预测过程和结论，折现率确定的方法及结论。

7）采用市场法（对存在活跃二手设备市场的机器设备）评估，应当说明交易价格的基本内涵、交易时间等情况。

8）根据评估业务的具体情况，应当选择典型设备（一般指单台金额大、技术典型的设备）举例说明评估参数的测算和判断以及评估值确定的方法、过程和结论。

9）对于精密、大型、高价的设备，应当说明技术和使用状况；对于报废的设备，应当说明变现的可能性。

10）对于国家强制淘汰、报废的设备，受火灾、水灾或者地震等其他因素导致设备严重毁损的情况，应当特别提示，并说明改变用途使用和原用途继续使用的可能性。

11）大型或者重型设备的建筑基础，按房屋建筑物类固定资产评估技术说明的要求编写。

（2）房屋建筑物类固定资产。

1）房屋建筑物类固定资产的类型、数量、账面原值、账面净值、减值准备等。

2）房屋建筑物类固定资产购建日期、结构形式、权属状况、日常维护和管理制度、最近一次大修或者装潢情况、折旧及计提减值政策，以及房屋建筑物类固定资产所占用土地的情况。

3）房屋建筑物类固定资产核实的方法和结论。对于复杂、大型、独特、高价的房屋建筑物，应当说明已经进行现场勘查以及勘查情况；对于国家强制报废的房屋建筑物，受腐蚀、火灾、水灾或者地震等其他因素导致建筑物严重毁损的情况，应当特别提示，并说明核实情况。

4）评估方法选取的依据和理由，并列示主要计算公式、参数涵义及参数确定的方法。

5）采用成本法评估，应当说明重置全价的构成、各费用项目的测算过程、采用的价格和费用标准等；说明房屋建筑物类资产成新状况（或者增值贬值因素）以及进行量化的方法及依据；对于待修理房屋建筑物，应当说明修复的可能性及预计费用。

6）采用市场法评估，应当说明选取交易实例的依据或者理由、交易实例的基本情况、成交时间、交易状况及交易价格内涵等，对所选取的交易实例，应当全面介绍比较因素、比较结果以及评估值确定的方法。

7）采用收益法评估，应当说明其租金预测情况，以及折现率确定的方法和结论。

8）根据评估业务的具体情况，应当选择典型房屋建筑物举例说明评估参数的测算和判断以及评估值确定的方法和过程。典型房屋建筑物应当选择能代表不同的结构形式

（一般包括框架结构、框剪结构、全现浇结构、排架结构、钢排架、砖混结构、砖木结构、简易结构、钢棚结构等）、不同的分布地点、不同的建筑年代，并且金额较大的房屋建筑物类资产。

9）房屋建筑物中含大型附属设备的，应当按机器设备类固定资产评估的要求编写评估技术说明。

10）对于在房屋建筑物科目核算的投资性房地产，应当按投资性房地产的要求编写评估技术说明。

14. 在建工程。

（1）在建工程的内容、账面价值、减值准备、开工日期和预计完工日期。

（2）在建工程项目的合规性文件核实情况。一般包括：项目可行性研究报告及批复、初步设计及批复、建设用地规划许可证、建设工程规划许可证、建筑工程施工许可证等。对于停建和缓建等在建项目，应当说明已经进行现场勘查以及勘查情况。

（3）在建工程账面记录的明细构成，并分析相关费用支出是否正常。

（4）在建工程的形象进度、合同签订情况、已支付工程款和应付（未付）工程款情况，并说明对评估价值的影响。

（5）参照房屋建筑物、机器设备类固定资产的要求编写评估技术说明。

15. 工程物资。

（1）工程物资的种类和账面金额。

（2）工程物资核实的方法和结论。

（3）工程物资的评估技术说明参照存货评估技术说明要求编写。

16. 固定资产清理。

（1）固定资产清理的内容（出售、转让、报废、毁损、对外投资、非货币性资产交换、债务重组等）和金额。

（2）固定资产清理核实的方法和结论。

（3）固定资产清理一般反映企业尚未清理完毕的固定资产清理净损失。应当根据不同内容，说明评估值确定的方法和结论。

17. 生产性生物资产。

（1）生产性生物资产的内容（未成熟生产性生物资产、成熟生产性生物资产）、种类、群别、取得方式、实物数量、账面金额构成及折旧政策等。

（2）生产性生物资产核实的方法和结论。

（3）生产性生物资产评估值确定的方法和结论。

（4）根据评估业务的具体情况，举例说明评估参数测算的方法和过程。所举案例应当选择能代表不同种类、群别、取得方式的生产性生物资产。

18. 油气资产。

（1）油气资产的类别、不同矿区或者油田分布，油气资产构成（矿区权益和油气井及相关设施等）、账面金额等。

（2）油气资产原值的构成、折耗政策。特别说明是否存在弃置费用现值以及对应的预计负债。

（3）油气资产核实的方法和结论。

（4）油气资产的评估值确定的方法和结论。

（5）根据评估业务的具体情况，举例说明评估参数测算确定的方法和过程。所举案例，应当选择能代表不同矿区或者油田分布的油气资产。

19. 无形资产。

（1）土地使用权（含固定资产——土地）

1）土地的宗数、面积、土地使用权取得方式、性质、原始入账价值、摊销政策、摊余价值等。

2）土地的登记状况、权利状况、利用状况。土地的登记状况和权利状况，以土地登记、土地使用证和土地使用权出让合同中的有关内容为准，土地利用状况以建筑物、地上附着物等产权登记内容和实际勘查与调查的内容为准。

3）土地的一般因素、区域因素和个别因素（一般包括：城市资源状况、房地产制度与房地产市场概况、产业政策、城市规划与发展目标、城市社会经济状况等；区域概况、交通条件、基础设施条件、环境条件、产业集聚状况和规划限制等；土地位置、面积、用途、宽度、临街状况、深度、形状、地质、地形、地势、容积率、基础设施以及评估对象现状利用或者规划利用等影响地价水平的因素）。

4）土地使用权核实的方法和结论。

5）土地使用权评估价值内涵，所选取评估方法的依据或者理由。

6）采用市场法评估，应当说明所选交易实例的基本状况（名称、坐落、四至、面积、用途、产权状况、土地形状、土地使用期限、建筑物建成日期、建筑结构、周围环境等）、成交日期、成交价格（包括总价、单价及计价方式、付款方式）、交易情况（交易目的、交易方式、交易税费负担方式、交易人之间的特殊利害关系、特殊交易动机等）等内容，并说明交易情况、交易日期等修正情况。

7）采用收益法评估，应当说明收益期限、净收益与折现率确定的过程和结论。

8）采用成本法评估，应当说明费用项目的构成、各费用项目的测算过程、采用的价格和费用标准等；说明与地上建筑物费用项目的划分；说明评估对象的开发期限、开发状况和相应的开发费用标准及依据；说明土地增值标准的确定方法和依据；说明修正的因素及修正过程。

9）采用基准地价修正法评估，应当说明基准地价的公布时间，批准机关和文号，基准地价的内涵，利用基准地价估算宗地价格的公式；说明宗地位置、用途及评估对象所在级别或者区域的基准地价和对应的因素修正系数；说明评估对象的价值内涵与基准地价内涵的差异，以及修正的内容（土地级别、用途、权益性质、交易日期修正、区域因素修正、个别因素修正、使用年期修正和开发程度等）。

10）采用假设开发法评估时，应当说明开发完成后的不动产价值、后续开发建设的必要支出和应得利润等的确定方法、过程和结论。

11）引用土地估价报告评估结论，应当说明引用的土地宗数、面积、土地使用权取得方式、性质、原始入账价值、摊销政策、摊余价值等；说明所引用土地评估结论的地价定义、评估方法、评估结论及调整使用的情况。

（2）矿业权

1）矿业权人的基本情况。

2）矿床勘查、矿山建设规划或者矿山建设和生产经营等基本情况。

3）矿业权取得时间、方式和以往矿业权价款（或者价值）评估、处置或者交易等情况。

4）有效的勘查许可证、采矿许可证的主要信息（探矿权主要包括勘查许可证号、探矿权人、勘查项目名称、勘查范围、各拐点地理坐标、勘查面积、有效期限等。采矿权主要包括采矿许可证号、采矿权人、矿山名称、开采矿种、开采方式、生产规模、矿区面积、有效期限、各拐点地理坐标、开采深度等）。

5）评估对象的矿产资源勘查和开发概况。

6）选择评估方法的依据和理由，并列示主要计算公式及参数涵义。

7）参数确定情况，包括所依据或者参考资料的来源出处；各评估参数的确定原则、依据、过程和结论。

8）引用专业报告确定评估参数，应当说明专业报告的名称、形成时间、结论等主要情况。引用专业报告参数进行调整确定评估参数，应当说明其调整确定过程。利用专家协助确定价值指数，应当说明专家的数量、专业及资格、专家工作过程、结论等主要情况，并说明对其检查、汇总及分析的过程。

9）引用矿业权评估报告评估结论，应当说明引用的矿业权名称、矿业权取得方式、性质、原始入账价值、摊销政策、摊余价值等。说明所引用矿业权评估结论的价值内涵、评估方法、评估结果以及引用处理情况，同时说明矿业权价款评估、备案及价款缴纳情况。

（3）其他无形资产

1）无形资产的名称、形成过程、存在形式、存在期限、权属、原始入账金额、摊销政策、摊余价值等。

2）无形资产核实的内容、方法、过程和结论（从法律、经济、技术及获利能力等角度分析说明所申报评估的无形资产的存在；说明无形资产的特征、获利能力、获利期限；已实际应用的无形资产，应当说明其应用及效益状况）。

3）选取评估方法的理由，并列示主要计算公式及参数涵义。

4）采用收益法评估，应当说明收益预测的依据，如市场调查结论、订单合同、政府推广文件等。

5）采用成本法评估，应当说明费用项目的构成、各费用项目的测算过程、采用的价格和费用标准等。

6）采用市场法评估，应当说明所选交易实例的依据或者理由、交易实例的基本情况、成交时间、交易状况及交易价格内涵等，对所选取的交易实例，应当全面介绍比较因素、比较结果及评估值确定的方法和结论。

20. 开发支出。

（1）开发支出的内容和金额。

（2）开发支出核实的方法和结论。

（3）开发支出评估值确定的方法和结论。

21. 商誉。

（1）商誉的账面价值及其形成原因。

（2）商誉所对应资产组的账面价值。

（3）商誉的评估处理方法和结论。

22. 长期待摊费用。

（1）长期待摊费用的内容、原始发生额和摊销期。

（2）所形成的资产或者权利是否已经在其他类型资产中反映，如果反映，应当说明不另计评估值。

（3）长期待摊费用核实的方法和结论。

（4）结合长期待摊费用的具体内容，说明尚未摊销完毕的长期待摊费用是否存在尚存的资产或者权利，如果存在，应当指明受益期。

23. 递延所得税资产。

（1）递延所得税资产的内容和种类。

（2）递延所得税资产核实的方法和结论。

（3）递延所得税资产评估值确定的方法和结论。

24. 其他非流动资产。

（1）其他非流动资产的内容、种类及形成原因等。

（2）其他非流动资产核实的方法和结论。

（3）其他非流动资产评估值确定的方法和结论。

25. 短期借款。

（1）借款的金额、发生日期、放贷银行名称、还款期限、贷款利率以及抵（质）押情况。

（2）对借款的函证情况。

（3）利息结算、支付情况，并说明利息支付情况对评估值的影响。

26. 交易性金融负债。

（1）交易性金融负债的种类和核实方法。

（2）交易性金融负债票面利率计算、支付的情况。

（3）承担的交易性金融负债的公允价值的形成。

（4）交易性金融负债公允价值与评估价值类型的一致性，说明评估值确定的方法和结论。

27. 应付票据。

（1）应付票据的种类（银行承兑、商业承兑）、签发日、到期日。

（2）应付票据核实的方法和结论。

（3）带息票据，应当说明利息计息、支付情况，并说明已考虑利息支付对评估值的影响。

28. 应付账款、预收账款和其他应付款。

（1）应付账款、预收账款和其他应付款的主要业务内容、发生日期。

（2）应付账款、预收账款和其他应付款核实的方法和结论。

（3）对于无需支付的应付账款、预收账款和其他应付款，应当说明依据和理由。

29. 应付职工薪酬。

（1）应付职工薪酬的内容（包括工资、职工福利、社会保险费、住房公积金、工会经费、职工教育经费、非货币性福利、辞退福利、股份支付、按规定从净利润中提取的职工奖励及福利基金等）和对应金额等。

（2）被评估单位相关职工薪酬政策。

（3）工资、职工福利、社会保险费、住房公积金、工会经费、职工教育经费、非货币性福利、辞退福利、股份支付、按规定从净利润中提取的职工奖励及福利基金等的计提、发放或者使用核实的方法和结论。

（4）对于无需支付的职工薪酬，应当说明依据和理由。

30. 应交税费。

（1）应交税费的内容（包括增值税、消费税、营业税、所得税、资源税、土地增值税、城市维护建设税、房产税、土地使用税、车船使用税、教育费附加、矿产资源补偿费、企业代扣代交的个人所得税等）和对应金额。

（2）被评估单位相关的税负政策，说明被评估单位所享有的优惠税收政策，享有优惠政策的期限和批准单位等。

（3）应交税费核实的方法和结论。

（4）说明借方余额的原因及评估方法。

31. 应付利息。

（1）应付利息的内容（包括对应的本金、分期付息到期还本的长期借款、企业债券等应支付的利息等）、金额等。

（2）应付利息核实的方法和结论。

（3）按合同利率或者实际利率计算确定应付未付利息的过程和结论。

32. 应付股利（应付利润）。

（1）应付股利发生的期限和金额。

（2）应付股利的核实内容（被评估单位股利或者利润分配政策、相关应付股利分配的文件的核实情况）和方法。

（3）对于长期未付的（应付股利），应当说明原因，并说明是否考虑可能需要支付逾期利息对企业负债增加的因素。

（4）应付股利评估值的确定方法和结论。

（5）董事会或者类似机构通过的利润分配方案中拟分配的现金股利或者利润，尽管账面未记录，但应当特别说明根据会计附注披露的内容可能对企业价值的影响。

33. 一年内到期的非流动负债。

（1）一年内到期的非流动负债的内容和金额。

（2）一年内到期的非流动负债核实的方法和结论。

（3）一年内到期的非流动负债评估值确定的方法和结论。

34. 其他流动负债。

（1）其他流动负债的内容和金额。

（2）其他流动负债核实的方法和结论。

（3）其他流动负债评估值确定的方法和结论。

35. 长期借款。

（1）借款的金额、发生日期、放贷银行名称、还款期限和贷款利率以及抵（质）押情况。

（2）对借款的函证情况。

（3）长期借款评估值的确定方法和结论。

（4）利率水平、结算方式和结算时间对评估结论的影响。

36. 应付债券。

（1）应付债券的种类（分期付息一次还本的债券、一次还本付息的债券等）、票面金额、债券票面利率、还本付息期限与方式、发行总额、发行日期和编号、委托代售单位、转换股份等情况。

（2）应付债券核实的方法和结论。对可转换公司债券，应当说明应付债券为该项可转换公司债券包含的负债成分。

（3）说明是否考虑可能需要支付逾期利息对企业负债增加的因素。

（4）说明是否存在按票面利率计算确定的应付未付利息与按摊余成本和实际利率计算确定的债券利息费用的差额，以及评估值确定的方法。

（5）可转换公司债券评估值确定的方法和结论。

37. 长期应付款。

（1）长期应付款的种类（应付融资租入固定资产的租赁费、以分期付款方式购入固定资产等发生的应付款项等）、发生日期和金额、约定的还款期限、方式等。

（2）长期应付款核实的方法和结论。

（3）长期应付款评估值确定的方法和结论。

38. 专项应付款。

（1）专项应付款形成依据、项目名称、性质（取得政府作为企业所有者投入的具有专项或者特定用途的款项）、内容、约定的验收时间和方式等核实情况。

（2）用于工程项目的专项应付款资产形成的进度情况，不可能形成长期资产需要核销的情况。

（3）尚未转销的专项应付款是否为企业真实的负债。

39. 预计负债。

（1）预计负债的金额和种类（企业确认的对外提供担保、未决诉讼、产品质量保证、重组义务、亏损性合同等）。

（2）预计负债核实的方法和结论。

（3）企业确认预计负债的证据以及第三方或者债权人的询证证据等。

（4）预计负债评估值确定的方法和结论。

40. 递延所得税负债。

（1）递延所得税负债的金额、种类和企业确认依据。

（2）递延所得税负债核实的方法和结论。

（3）递延所得税负债的具体内容，说明递延所得税负债评估值确定的过程和结论。

41. 其他非流动负债。

（1）其他非流动负债的种类、形成原因、企业确认依据等。

（2）其他非流动负债核实的方法和结论。

（3）其他非流动负债评估值确定的方法和结论。

（二）收益法

采用收益法进行企业价值评估，应当根据行业特点、企业经营方式和所确定的预期收益口径以及评估的其他具体情况等，确定评估技术说明的编写内容。一般编写内容指引如下。

1. 说明评估对象，即企业整体价值、股东全部权益和股东部分权益。

2. 收益法的应用前提及选择的理由和依据。

（1）收益法的定义和原理。

（2）收益法的应用前提。

（3）收益法选择的理由和依据。

3. 收益预测的假设条件。

收益预测的假设条件应当结合评估业务的具体情况确定。一般包括：

（1）国家现行的有关法律法规及政策、国家宏观经济形势无重大变化，本次交易各方所处地区的政治、经济和社会环境无重大变化。

（2）针对评估基准日资产的实际状况，假设企业持续经营。

（3）假设公司的经营者是负责的，并且公司管理层有能力担当其职务。

（4）除非另有说明，假设公司完全遵守所有有关的法律法规。

（5）假设公司未来将采取的会计政策和编写此份报告时所采用的会计政策在重要方面基本一致。

（6）假设公司在现有的管理方式和管理水平的基础上，经营范围、方式与目前方向保持一致。

（7）有关利率、汇率、赋税基准及税率、政策性征收费用等不发生重大变化。

（8）无其他人力不可抗拒因素及不可预见因素对企业造成重大不利影响。

根据资产评估的要求，认定这些假设条件在评估基准日时成立，当未来经济环境发生较大变化时，将不承担由于假设条件改变而推导出不同评估结论的责任。

4. 企业经营、资产、财务分析。

（1）影响被评估单位经营的宏观及区域经济因素、被评估单位所在行业状况及发展前景、生产经营的历史情况、面临的竞争情况及企业战略等。

（2）企业内部管理制度、人力资源、核心技术、研发状况、销售网络、特许经营权、管理层构成等经营管理状况。

（3）企业历史年度财务分析。

一般包括收入、成本和费用分析，盈利能力、偿债能力和营运能力分析以及成长性分析等。

（4）经营性资产、非经营性资产、溢余资产分析。

5. 评估计算及分析过程。

（1）收益模型的选取。

1）选取收益法的具体测算方法及模型。

2）列示计算公式并对参数进行解释与说明。

（2）收益年限的确定。

确定的收益年限并说明其理由。

（3）未来收益的确定。

1）生产经营模式与收益主体、口径的相关性。

2）收入的预测。

①营业收入的预测。通常包括区域经济发展与市场环境、业内竞争情况与企业对策、公司的营业收入及构成分析和营业收入的预测。

②投资收益预测分析。

3）营业成本的预测。

4）销售费用的预测。

5）管理费用的预测。

6）财务费用的预测。

7）营业税金及附加的估算。

8）折旧与摊销的预测。

9）资本性支出预测。

10）营运资金预测、营运资金增加额的确定。

①企业历史年度有关资金营运指标。

②营运资金增加额计算。

（4）折现率的确定。

1）所选折现率的模型（公式与参数定义）。

2）模型中有关参数的选取过程。

例如：无风险报酬率（依据、过程、结论）、市场收益率（依据、参数、过程、结论）、Beta（贝塔）系数的测算。

6. 评估值测算过程与结论。

（1）列表说明公式中的各参数值以及测算过程。

（2）终值的估算。

（3）列示评估结论。

7. 其他资产和负债的评估（非收益性/经营性资产和负债）价值。

（1）评估的资产和负债类型。

（2）评估方法。

（3）评估结论。

8. 评估结论。

9. 测算表格。

采用收益法进行企业价值评估，应当编制必要的测算表格。测算表格中的数据应当与资产评估报告相应内容一致。

（三）市场法

采用市场法进行企业价值评估，可以根据所采用的具体评估方法（上市公司比较法或者交易案例比较法）确定评估技术说明的编写内容。一般编写内容指引如下：

1. 说明评估对象，包括企业整体价值、股东全部权益、股东部分权益。

2. 市场法原理。

（1）交易案例比较法的定义、原理、应用前提。

（2）上市公司比较法的定义、原理、应用前提。

3. 选取具体评估方法的理由。

4. 基本步骤说明。

（1）搜集相关资料、对评估对象基本情况进行阐述。

（2）对影响被评估单位经营的宏观、区域经济因素分析。

（3）对被评估单位所在行业发展状况与前景进行分析。

（4）对被评估单位提供的企业业务状况进行分析，对企业资产、财务状况进行分析、调整。

（5）分析、确定可比上市公司或者交易案例。

（6）对上市公司或者交易案例的可比因素进行分析、调整，确定可比因素数值。

（7）估算评估对象价值。

5. 影响被评估单位经营的宏观、区域经济因素分析。

6. 被评估单位所在行业发展状况与前景的分析判断。

7. 被评估单位的业务、资产、财务状况分析。

8. 上市公司或者交易案例的选择及与评估对象的可比性分析。

9. 确定可比因素的方法和过程（特别说明对可比因素分析时考虑的主要方面），价值比率的确定过程，分析、调整评估对象财务状况的内容。

10. 评估值确定的方法、过程和结论。

11. 评估结论及分析。

四、评估结论及分析

（一）评估结论

1. 用文字叙述账面价值和评估价值，采用两种或者两种以上方法进行企业价值评估，应当分别说明评估价值，以及不同评估方法结论的差异及其原因和最终确定评估结论的理由。

2. 含有“评估结论根据以上评估工作得出”的字样。

3. 对于存在多家被评估单位的情况，应当分别说明评估价值。

4. 对于不纳入评估汇总表的评估结果，应当单独列示。

（二）评估价值与账面价值比较变动情况及说明

1. 说明评估价值与账面价值比较变动情况，包括绝对变动额和相对变动率。

2. 分析评估价值与账面价值比较变动原因。

（三）折价或者溢价情况（如有）

企业价值评估，在适当及切实可行的情况下需要考虑由于控股权和少数股权等因素产生的折价或者溢价，以及流动性对评估价值的影响，包括但不限于：

1. 说明是否考虑了折价或者溢价。

2. 说明折价或者溢价测算的方法，对其合理性做出判断。

金融企业国有资产评估报告指南

2017 年 9 月 8 日　中评协〔2017〕43 号

第一章　总　　则

第一条　为规范金融企业国有资产评估报告编制和出具行为，保护资产评估当事人合法权益和公共利益，根据金融企业国有资产评估管理有关规定和《资产评估执业准则——资产评估报告》制定本指南。

第二条　资产评估机构及其资产评估师根据金融企业国有资产评估管理的有关规定执行资产评估业务，编制和出具金融企业国有资产评估报告，应当遵守本指南。

本指南所称金融企业，是指占有国有资产并取得金融业务许可证的企业、金融控股公司以及其他从事金融类业务的企业。

第三条　本指南所指金融企业国有资产评估报告（以下简称资产评估报告），由标题及文号、目录、声明、摘要、正文、附件、评估明细表和评估说明构成。

第四条　资产评估机构及其资产评估师应当清晰、准确陈述资产评估报告内容，不得使用误导性的表述。

第五条　资产评估报告提供的信息，应当使金融企业国有资产监督管理部门和相关机构能够全面了解资产评估情况，使资产评估报告使用人正确理解评估结论。

第六条　资产评估报告内容应当完整，符合本指南的要求。

第二章　标题及文号、声明和摘要

第七条　资产评估报告标题应当简明清晰，一般采用“企业名称 + 经济行为关键词 + 评估对象 + 资产评估报告”的形式。

第八条　资产评估报告文号包括资产评估机构特征字、种类特征字、年份、报告序号。

第九条　资产评估报告声明通常包括以下内容：

（一）本资产评估报告依据财政部发布的资产评估基本准则和中国资产评估协会发布的资产评估执业准则和职业道德准则编制。

（二）委托人或者其他资产评估报告使用人应当按照法律、行政法规规定和资产评估报告载明的使用范围使用资产评估报告；委托人或者其他资产评估报告使用人违反前述规定使用资产评估报告的，资产评估机构及其资产评估师不承担责任。

（三）资产评估报告仅供委托人、评估委托合同中约定的其他资产评估报告使用人和法律、行政法规规定的资产评估报告使用人使用；除此之外，其他任何机构和个人不能成为资产评估报告的使用人。

（四）资产评估报告使用人应当正确理解评估结论，评估结论不等同于评估对象可实现价格，评估结论不应当被认为是对评估对象可实现价格的保证。

（五）资产评估机构及其资产评估师遵守法律、行政法规和资产评估准则，坚持独立、客观和公正的原则，并对所出具的资产评估报告依法承担责任。

（六）资产评估报告使用人应当关注评估结论成立的假设前提、资产评估报告特别事项说明和使用限制。

（七）其他需要声明的内容。

第十条　资产评估报告摘要应当简明扼要地反映经济行为、评估目的、评估对象和评估范围、价值类型、评估基准日、评估方法、评估结论及使用有效期、对评估结论产生影响的特别事项等关键内容。

资产评估报告摘要应当采用下述文字提醒资产评估报告使用人阅读全文：“以上内容摘自资产评估报告正文，欲了解本评估业务的详细情况和正确理解评估结论，应当阅读资产评估报告正文。”

第三章　正　　文

第十一条　资产评估报告正文应当包括下列内容：

（一）绪言；

（二）委托人、被评估单位和资产评估委托合同约定的其他资产评估报告使用人概况；

（三）评估目的；

（四）评估对象和评估范围；

（五）价值类型；

（六）评估基准日；

（七）评估依据；

（八）评估方法；

（九）评估程序实施过程和情况；

（十）评估假设；

（十一）评估结论；

（十二）特别事项说明；

（十三）资产评估报告使用限制说明；

（十四）资产评估报告日；

（十五）签名盖章。

第十二条　绪言一般采用包含下列内容的表述格式：

"×××（委托人全称）：

×××（资产评估机构全称）接受贵单位（公司）的委托，按照法律、行政法规和资产评估准则的规定，坚持独立、客观、公正的原则，采用×××评估方法（评估方法名称），按照必要的评估程序，对×××（委托人全称）拟实施×××行为（事宜）涉及的×××（资产——单项资产或者资产组合、企业整体价值、股东全部权益、股东部分权益）在××××年××月××日的××价值（价值类型）进行了评估。现将评估情况报告如下。"

第十三条　资产评估报告正文应当介绍委托人、被评估单位和资产评估委托合同约定的其他资产评估报告使用人的概况。

（一）委托人和资产评估委托合同约定的其他资产评估报告使用人概况一般包括企业名称及简称、住所、法定代表人、注册资本、股东构成及主要经营范围等。

委托人、资产评估委托合同约定的其他资产评估报告使用人与被评估单位为同一单位的，按照对被评估单位的要求编写。

（二）被评估单位概况应当按以下要求编写：

1. 企业价值评估中，被评估单位概况一般包括：

（1）企业名称及简称、住所、法定代表人、主要经营范围、经营产品、注册资本、取得金融业务许可证或者主管部门准入批复文件、企业股东及持股比例、企业股权变更等历史沿革情况；

（2）被评估单位主要股东介绍，一般包括主要股东的名称、住所、法定代表人、主要经营范围、注册资本及经营业绩；

（3）企业的财务核算体系介绍，近三年资产、财务及经营状况；

（4）企业各子公司、分公司及主要部门的构成情况，并以适当的形式表明各级子公司的股权结构及股权比例；

（5）企业经营特点。如：银行信贷资产的种类、规模及质量等，营业网点及分布情况、市场地位情况等；保险公司的主要险种、保费收入、赔付情况、市场地位等；证券公司的经纪业务、自营业务、承销业务的规模和收入比重，营业网点数量及分布情况，市场地位等。

2. 单项资产或者资产组合评估，被评估单位概况一般包括企业名称及简称、住所、法定代表人、注册资本、股东构成及主要经营范围等。

（三）委托人和被评估单位和资产评估委托合同约定的其他资产评估报告使用人之间的关系，如产权关系、交易关系等。若存在关联交易，应当说明关联方、交易方式等基本情况。

第十四条　资产评估报告应当说明本次资产评估的目的及其所对应的经济行为，并说明该经济行为获得批准的相关情况或者其他经济行为依据。

第十五条　资产评估报告应当对评估对象进行具体描述，以文字、表格等方式说明评估范围。

企业价值评估中，通常需要说明下列内容：

（一）委托评估对象和评估范围与经济行为涉及的评估对象和评估范围是否一致，不一致的说明原因，并说明是否经过审计、审计意见类型及审计期间；

（二）企业表外业务的类型、数量；

（三）企业的客户资源、营销网络及业务合同等无形资产；

（四）引用其他机构出具的报告结论所涉及的资产类型、数量和账面金额（或者评估值）。

单项资产或者资产组合评估，通常需要说明委托评估资产的数量、法律权属状况、经济状况等。

第十六条　资产评估报告应当明确价值类型及其定义。选择市场价值以外的价值类型，还应当说明价值类型选择理由。

第十七条　资产评估报告应当说明评估基准日及确定评估基准日所考虑的主要因素。如：经济行为的实现；会计期末及国家相关部门制定的监管指标变动情况；利率、汇率和金融产品市场价格变化；特定经济行为文件的约束等。

第十八条　资产评估报告应当说明本次评估业务所对应的经济行为、法律法规、评估准则、权属、取价等依据：

（一）经济行为依据应当为有效批复文件以及可以说明经济行为及其所涉及的评估对象与评估范围的其他文件资料；

（二）法律法规依据通常包括与金融企业国有资产评估有关的法律法规等；

（三）评估准则依据包括评估业务中依据的相关资产评估准则和相关规范；

（四）权属依据通常包括国有资产产权登记证书、基准日股份持有证明、出资证明、信贷合同、保险合同、委托理财合同、国有土地使用证（或者国有土地使用权出让合同）、房屋所有权证、房地产权证（或者不动产权证书）、专利证书、商标注册证、著作权（版权）相关权属证明、机动车行驶证、抵债合同、抵押登记资料等其他权属证明文件；

（五）取价依据通常包括企业提供的财务会计、经营方面的资料，国家有关部门发布的统计资料、技术标准和政策文件，以及评估机构收集的资本市场资料等。

第十九条　资产评估报告应当说明所选用的评估方法及其理由。

未采用两种以上评估方法进行评估，资产评估报告应当披露其他基本评估方法不适用的原因或者所受的操作限制。

采用收益法、市场法评估的，应当对评估过程及主要参数的选取进行说明。

采用资产基础法或者成本法评估的，应当对主要资产及负债的评估方法进行说明。

采用两种以上方法进行企业价值评估的，还应当说明评估结论确定的方法。

第二十条　资产评估报告应当说明自接受资产评估业务委托起至出具资产评估报告的主要评估工作过程，一般包括以下内容：

（一）接受项目委托，确定评估目的、评估对象与评估范围、评估基准日，拟定评估计划等过程；

（二）指导被评估单位清查资产、准备评估资料，核实资产与验证资料等过程；

（三）选择评估方法、收集市场信息和估算等过程；

（四）评估结果汇总、评估结论分析、撰写资产评估报告和内部审核等过程。

第二十一条　资产评估报告应当说明资产评估所使用的假设。

第二十二条　资产评估报告应当以文字和数字形式清晰说明评估结论，并明确评估结论的使用有效期。评估结论通常是确定的数值。特殊经济行为的评估结论也可以用区间值表达：

（一）采用资产基础法进行企业价值评估，应当以文字形式说明资产、负债、所有者权益（净资产）的账面价值、评估价值及其增减幅度，并同时采用评估结果汇总表反映评估结论；

（二）单项资产或者资产组合评估，应当以文字形式说明账面价值、评估价值及其增减幅度；

（三）采用两种以上方法进行企业价值评估，除单独说明评估价值和增减幅度外，应当说明两种以上评估方法结论的差异及其原因和最终确定的评估结论及其理由；

（四）存在多家被评估单位的项目，应当分别说明各单位的评估价值；

（五）特殊情况下，在与经济行为相匹配的前提下，评估结论可以用区间值表示，同时给出确定数值评估结论的建议。

第二十三条　资产评估报告应当说明评估程序受到的限制、评估特殊处理、评估结论瑕疵以及期后事项等特别事项，通常包括下列内容：

（一）引用其他机构出具的报告结论情况，并说明承担引用不当的相关责任；

（二）因权属资料不全面或者存在瑕疵、评估资料不完整等使评估程序受到限制的情形；

（三）评估基准日存在的法律、经济等未决事项；

（四）或有负债（或有资产）的性质、金额及与评估对象的关系；

（五）被评估单位执行国家相关部门制定的行业监管指标的情况；

（六）评估基准日至资产评估报告日之间可能对评估结论产生重大影响的事项，包括该期间利率、汇率、金融产品市场价格变化及国家对金融企业监管政策的变化等；

（七）评估对应的经济行为中，可能对评估结论产生重大影响的瑕疵情形。

资产评估报告应当说明对特别事项的处理方式、特别事项对评估结论可能产生的影响，并提示资产评估报告使用人关注其对经济行为的影响。

第二十四条　资产评估报告使用限制应当载明：

（一）使用范围；

（二）委托人或者其他资产评估报告使用人未按照法律、行政法规规定和资产评估报告载明的使用范围使用资产评估报告的，资产评估机构及其资产评估专业人员不承担责任；

（三）除委托人、资产评估委托合同中约定的其他资产评估报告使用人和法律、行政法规规定的资产评估报告使用人之外，其他任何机构和个人不能成为资产评估报告的使用人；

（四）资产评估报告使用人应当正确理解评估结论，评估结论不等同于评估对象可实现价格，评估结论不应当被认为是对评估对象可实现价格的保证。

第二十五条　资产评估报告应当载明资产评估报告日。

资产评估报告日通常为评估结论形成的日期，可以不同于资产评估报告的签发日。

第二十六条　资产评估报告正文应当由至少两名承办该评估业务的资产评估师签名，并加盖资产评估机构印章。

声明、摘要和评估明细表上通常不需要另行签名盖章。

第四章　附　　件

第二十七条　资产评估报告附件内容应当与评估目的、评估方法、评估结论相关联。资产评估报告附件通常包括下列文件：

（一）与评估目的相对应的经济行为文件；

（二）被评估单位的财务报表及审计报告；

（三）委托人和被评估单位法人营业执照；

（四）被评估单位金融业务许可证；

（五）委托人和被评估单位产权登记证；

（六）评估对象涉及的主要权属证明资料；

（七）委托人和其他相关当事人的承诺函；

（八）签名资产评估师的承诺函；

（九）资产评估机构备案文件或者资格证明文件；

（十）资产评估机构法人营业执照副本；

（十一）负责该评估业务的资产评估师资格证明文件；

（十二）资产评估委托合同；

（十三）其他重要文件。

第二十八条　资产评估报告附件内容及其所涉及的签章应当清晰、完整，相关内容应当与资产评估报告摘要、正文一致。资产评估报告附件为复印件的，应当与原件一致。

第二十九条　企业确认的与经济行为相对应的评估基准日企业财务报表应当作为资产评估报告附件，按照法律、行政法规规定需要进行审计的，审计报告（含会计报表和附注）应当作为资产评估报告附件。

引用其他机构出具的报告结论，根据现行有关规定，需要经相应主管部门批准（备案）的，应当将相应主管部门的批准（备案）文件作为资产评估报告的附件。

第五章　评估明细表

第三十条　评估明细表可以根据本指南的基本要求和企业会计核算所设置的会计科目，结合评估方法特点进行编制。

（一）单项资产或者资产组合评估、采用资产基础法进行企业价值评估，评估明细表包括按会计科目设置的资产、负债评估明细表和各级汇总表；

（二）采用收益法进行企业价值评估，可以根据收益法评估参数和盈利预测项目的构成等具体情况设计评估明细表的格式和内容；

（三）采用市场法进行企业价值评估，可以根据评估技术说明的详略程度决定是否单独编制符合市场法特点的评估明细表。

第三十一条　资产负债会计科目的评估明细表格式和内容基本要求如下：

（一）表头应当含有资产或负债类型（会计科目）名称、被评估单位、评估基准日、表号、金额单位、页码。

（二）表中应当含有资产负债的名称（明细）、经营业务或者事项内容、技术参数、发生（购、建、创）日期、账面价值、评估价值、评估增减幅度及备注等基本内容。

（三）表尾应当标明被评估单位填表人员、填表日期和评估人员。

（四）评估明细表按会计明细科目、一级科目逐级汇总，并编制资产负债表的评估汇总表及以人民币万元为金额单位的评估结果汇总表。

（五）会计计提的减值准备在相应会计科目合计项下和相关科目汇总表中列示。

（六）评估结果汇总表应当按以下顺序和项目内容列示：资产、负债、净资产等类别和项目。

第三十二条　不同类型金融企业业务模式不同，适用的收益法评估明细表也有所区别。

（一）采用股权自由现金流折现模型，通常编制财务报表调整表（如果有调整）、现金流量测算表、收入预测表、支出预测表、所有者权益变动表、其他综合收益预测表、折现率测算表。

（二）采用企业自由现金流折现模型，通常编制财务报表调整表（如果有调整）、现金流量测算表、收入预测表、支出预测表、折旧摊销预测表、资本性支出预测表、净流动资金增加额预测表、折现率测算表。

第三十三条　收益法评估明细表表头应当含有评估参数或者预测项目名称、被评估单位、评估基准日、表号、金额单位等。

第三十四条　被评估单位有两家以上分支机构的，评估明细表应当根据企业的组织架构、核算方式等因素合理编制。

第六章　评 估 说 明

第三十五条　评估说明包括评估说明使用范围声明、委托人和被评估单位编写的《企业关于进行资产评估有关事项的说明》和资产评估师编制的《资产评估说明》。

第三十六条　关于评估说明使用范围的声明，应当写明评估说明使用单位或者部门的范围及限制条款。

第三十七条　委托人和被评估单位可以共同编写或者分别编写《企业关于进行资产评估有关事项的说明》。委托人单位负责人和被评估单位负责人应当对所编写的说明签名，加盖相应单位公章并签署日期。

《企业关于进行资产评估有关事项的说明》包括以下内容：

（一）委托人、被评估单位各自概况；

（二）关于经济行为的说明；

（三）关于评估对象与评估范围的说明；

（四）关于评估基准日的说明；

（五）可能影响评估工作的重大事项说明；

（六）资产负债情况、未来经营和收益状况预测说明；

（七）资料清单。

第三十八条　资产评估说明是对评估对象进行核实、评定估算过程的详细说明，应当包括以下内容：

（一）评估对象与评估范围说明；

（二）资产核实总体情况说明；

（三）评估技术说明；

（四）评估结论及分析。

第三十九条　评估对象与评估范围说明应当根据企业价值评估、单项资产或者资产组合评估的不同情况确定内容的详略程度。

第四十条　资产核实总体情况说明通常包括人员组织、实施时间、核实过程、影响事项及处理方法、核实结论等。

第四十一条　评估技术说明应当考虑不同经济行为和不同评估方法的特点介绍评定估算的思路及过程。

第四十二条　采用成本法评估单项资产或者资产组合、采用资产基础法评估企业价值，应当根据评估业务的具体情况以及资产负债类型编写评估技术说明。各项资产负债评估技术说明应当包含资产负债的内容和金额、核实方法、评估值确定的方法和结论等基本内容。

第四十三条　采用收益法或者市场法评估企业价值，评估技术说明通常包括以下内容：

（一）影响企业经营的宏观、区域经济因素；

（二）所在行业现状与发展前景；

（三）企业的业务情况；

（四）企业的资产、财务分析和调整情况；

（五）评估方法的运用过程。

第四十四条　采用收益法进行企业价值评估，应当根据行业特点、企业经营方式和所确定的预期收益口径以及评估的其他具体情况等编写评估技术说明。企业的资产、财务分析和调整情况以及评估方法运用过程说明通常包括以下内容：

（一）收益法的应用前提及选择理由和依据；

（二）收益预测的假设条件；

（三）企业经营、资产、财务分析；

（四）收益模型选择理由及基本参数说明；

（五）收益期限及预测期的说明；

（六）收益预测的说明；

（七）折现率的确定说明；

（八）预测期后价值确定说明；

（九）其他资产和负债评估说明；

（十）评估价值。

第四十五条　采用市场法进行企业价值评估，应当根据行业特点、被评估单位实际情况以及上市公司比较法或者交易案例比较法的特点等编写评估技术说明。企业的资产、财务分析和调整情况以及评估方法运用过程说明通常包括以下内容：

（一）具体方法、应用前提及选择理由；

（二）企业经营、资产、财务分析；

（三）分析选取确定可比企业或者交易案例的说明；

（四）价值比率的选择及因素修正说明；

（五）评估对象价值比率的测算说明；

（六）评估价值。

第四十六条　评估结论及分析通常包括：

（一）评估结论。采用两种或者两种以上方法进行企业价值评估，应当说明不同评估方法结果的差异及其原因和最终确定评估结论的理由。

（二）评估价值与账面价值比较变动情况及说明。

（三）折价或者溢价情况（如有）。

第七章　出具与装订

第四十七条　资产评估报告应当使用中文撰写。需要同时出具外文资产评估报告的，以中文资产评估报告为准。

评估结论一般以人民币为计量币种，使用其他币种表示的，应当注明该币种与人民币在评估基准日的汇率。

第四十八条　资产评估报告封面应当载明资产评估报告标题及文号、资产评估机构全称和资产评估报告日。

第四十九条　资产评估报告标题及文号一般在封面上方居中位置，资产评估机构名称及资产评估报告日应当在封面下方居中位置。资产评估报告应当用A4规格纸张印刷。

第五十条　资产评估报告一般分册装订，各册应当具有独立的目录。

声明、摘要、正文和附件合订成册，其目录中应当含有其他册的目录，但其他册目录的页码不予标注。评估说明和评估明细表一般分别独立成册。必要时附件可以独立成册。

单独成册的，其封面格式、标题中的“企业名称+经济行为关键词+评估对象”及文号等应当与资产评估报告保持一致。

评估明细表一般按会计科目顺序装订。

第五十一条　资产评估报告封底或者其他适当位置应当标注资产评估机构名称、地址、邮政编码、联系电话、传真、电子邮箱等。

第八章　附　　则

第五十二条　本指南自2017年10月1日起施行。中国资产评估协会于2011年12月30日发布的《关于修改评估报告等准则中有关签章条款的通知》（中评协〔2011〕230号）中的《金融企业国有资产评估报告指南》同时废止。

附：1.“声明”编写指引（供参考）

2.“资产评估师承诺函”编写指引（供参考）

3.《企业关于进行资产评估有关事项的说明》编写指引（供参考）

4.《资产评估说明》编写指引（供参考）

附 1

“声明”编写指引

（供参考）

一、本资产评估报告依据财政部发布的资产评估基本准则和中国资产评估协会发布的资产评估执业准则和职业道德准则编制。

二、委托人或者其他资产评估报告使用人应当按照法律、行政法规规定和本资产评估报告载明的使用范围使用资产评估报告；委托人或者其他资产评估报告使用人违反前述规定使用资产评估报告的，本资产评估机构及资产评估师不承担责任。

本资产评估报告仅供委托人、资产评估委托合同中约定的其他资产评估报告使用人和法律、行政法规规定的资产评估报告使用人使用；除此之外，其他任何机构和个人不能成为资产评估报告的使用人。

本资产评估机构及资产评估师提示资产评估报告使用人应当正确理解评估结论，评估结论不等同于评估对象可实现价格，评估结论不应当被认为是对评估对象可实现价格的保证。

三、本资产评估机构及资产评估师遵守法律、行政法规和资产评估准则，坚持独立、客观和公正的原则，并对所出具的资产评估报告依法承担责任。

四、评估对象涉及的资产、负债清单由委托人、被评估单位申报并经其采用签名、盖章或者法律允许的其他方式确认；委托人和其他相关当事人依法对其提供资料的真实性、完整性、合法性负责。

五、本资产评估机构及资产评估师与资产评估报告中的评估对象没有现存或者预期的利益关系；与相关当事人没有现存或者预期的利益关系，对相关当事人不存在偏见。

六、资产评估师已经（或者未）对资产评估报告中的评估对象及其所涉及资产进行现场调查；我们已经对评估对象及其所涉及资产的法律权属状况给予必要的关注，对评估对象及其所涉及资产的法律权属资料进行了查验，对已经发现的问题进行了如实披露，并且已提请委托人及其他相关当事人完善产权以满足出具资产评估报告的要求。

七、本资产评估机构出具的资产评估报告中的分析、判断和结果受资产评估报告中假设和限制条件的限制，资产评估报告使用人应当充分考虑资产评估报告中载明的假设、限制条件、特别事项说明及其对评估结论的影响。

附 2

“资产评估师承诺函”编写指引

（供参考）

×××公司（单位）：

受你单位的委托，我们对你单位拟实施×××行为（事宜）所涉及的×××（资产——单项资产或者资产组合、企业整体价值、股东全部权益、股东部分权益），以××××年××月××日为基准日进行了评估，形成了资产评估报告。在本报告中披露的假设条件成立的前提下，我们承诺如下：

一、具备相应的职业资格。

二、评估对象和评估范围与资产评估委托合同的约定一致。

三、对评估对象及其所涉及的资产进行了必要的核实。

四、根据资产评估准则选用了适当的评估方法。

五、充分考虑了影响评估价值的因素。

六、评估结论合理。

七、评估工作未受到非法干预并独立进行。

资产评估师签名：

年　　月　　日

附 3

《企业关于进行资产评估有关事项的说明》编写指引

（供参考）

一、委托人、被评估单位及资产评估委托合同约定的其他资产评估报告使用人概况

（一）委托人和资产评估委托合同约定的其他资产评估报告使用人概况一般包括企业名称及简称、住所、法定代表人、注册资本、股东构成及主要经营范围等。

委托人、资产评估委托合同约定的其他资产评估报告使用人与被评估单位为同一单位的，按照对被评估单位的要求编写。

（二）被评估单位概况

1. 企业价值评估中，被评估单位概况一般包括：

（1）企业名称及简称、住所、法定代表人、注册资本。

（2）企业性质、取得金融业务许可证或者主管部门准入批复文件、企业股东及持股比例、企业股权变更等历史沿革情况。

（3）被评估单位主要股东介绍，一般包括主要股东的名称、住所、法定代表人、主要经营范围、注册资本及经营业绩。

（4）法定许可经营范围、实际主要经营范围、经营产品介绍。

（5）企业的财务核算体系介绍，近三年资产、财务、经营状况。

（6）企业各子公司、分公司及主要部门的构成情况，并以适当的形式表明各级子公司的股权结构及股权比例。

（7）企业经营特点及经营风险分析，如：

1）银行信贷资产的种类、规模及质量等，营业网点及分布、市场地位等情况；

2）保险公司的主要险种、保费收入、赔付情况、市场地位等；

3）证券公司的经纪业务、自营业务、承销业务的规模和收入比重，营业网点数量及分布情况，市场地位等。

（8）企业客户稳定性和流动性分析。

（9）企业投资策略分析。

（10）企业发展历程及未来发展规划。

（11）企业执行国家相关部门制定的行业监管指标的情况。

（12）执行的主要会计政策，经营是否存在国家政策、法规的限制或者优惠，经营的优劣势分析。

2. 单项资产或者资产组合评估，被评估单位概况一般包括企业名称及简称、住所、法定代表人、注册资本、股东构成及主要经营范围等。

（三）委托人和被评估单位及资产评估委托合同约定的其他资产评估报告使用人之间的关系，如产权关系、交易关系等。若存在关联交易，应当说明关联方、交易方式等基本情况。

二、关于经济行为的说明

（一）说明本次资产评估满足何种需要、所对应的经济行为类型及其经济行为获得批准的相关情况，或者其他经济行为依据。

（二）获得有关部门批准的，应当载明批件名称、批准日期及文号。

三、关于评估对象与评估范围的说明

企业价值评估中，通常需要说明下列内容：

（一）委托评估对象和评估范围与经济行为涉及的评估对象和评估范围是否一致，不一致的应当说明原因，并说明是否经过审计、审计意见类型及审计期间。

（二）企业表外业务的类型、数量。

（三）企业的主要客户资源、营销网络及业务合同等无形资产。

（四）本次评估前是否进行了财务重组。

（五）账面资产是否根据以往评估结论进行了调账。

（六）委托其他机构进行评估所涉及的资产类型、数量、账面金额及另行委托的原因。

单项资产或者资产组合评估，通常需要说明委托评估资产的数量、法律权属状况、经济状况等。

四、关于评估基准日的说明

（一）说明所确定的评估基准日，评估基准日表述为：××××年××月××日。

（二）说明确定评估基准日所考虑的主要因素，如经济行为的实现、财务报告期末、国家相关部门制定的行业监管指标变动情况以及利率、汇率和金融产品市场价格变化等。

（三）如果评估基准日受特定经济行为文件的约束，应当载明该文件的名称、批准日期及文号。

五、可能影响评估工作的重大事项的说明

一般包括下列内容：

（一）曾经进行过清产核资或者评估的情况，调账情况；

（二）影响经营活动和财务状况的重大合同、重大诉讼事项；

（三）关于不良资产的说明。

六、资产负债清查情况、未来经营和收益状况预测的说明

（一）资产负债清查情况说明

一般包括下列内容：

1. 清查范围与评估范围是否一致；

2. 清查结论。

（二）未来经营和收益状况预测说明

一般包括下列内容：

1. 所在行业相关经济要素及发展前景、经营历史情况、面临的竞争情况及优劣势分析；

2. 内部管理制度、人力资源、核心技术、研发状况、无形资产、管理层构成等经营管理状况；

3. 近年企业资产、负债、权益、盈利、利润分配、现金流量等资产财务状况；
4. 未来主营业务收入、成本、费用等的预测过程和结果；
5. 如果企业存在关联交易，应当说明关联交易的性质及定价原则等。

七、资料清单

一般包括下列内容：

（一）评估申报表（由资产评估机构出具样式）；
（二）相关经济行为的批文；
（三）财务报表及审计报告；
（四）资产权属证明文件；
（五）重大合同、协议等；
（六）经营统计资料；
（七）其他资料。

附 4

《资产评估说明》编写指引

（供参考）

资产评估说明是申请备案核准资产评估业务的必备材料，为方便金融企业国有资产监督管理部门和相关机构全面了解资产评估情况，本指引结合国有资产评估业务备案核准的要求，为资产评估机构及资产评估师编写资产评估说明提供指引。

第一部分　资产评估说明封面及目录

一、封面

资产评估说明封面应当载明资产评估报告标题及文号、资产评估机构全称和资产评估报告日。

二、目录

（一）目录应当在封面的下一页排印，包括每一部分的标题和相应页码。

（二）如果资产评估说明中收录有关文件或者资料的复印件，应当统一标注页码。

第二部分　关于资产评估说明使用范围的声明

声明应当写明，资产评估说明供金融企业国有资产监督管理部门（含所出资企业）、相关监管机构和部门使用。除法律、行政法规规定外，资产评估说明的全部或者部分内容不得提供给其他任何单位和个人，不得见诸公开媒体。

第三部分　资产评估说明正文

一、评估对象与评估范围说明

（一）评估对象与评估范围内容

1. 委托评估的评估对象与评估范围。

2. 委托评估的资产类型、账面金额。

3. 委托评估的资产权属状况。

（二）主要经营资产类型、资产状况

（三）主要实物资产的类型、数量及购置方式

（四）企业申报的账面记录或者未记录的无形资产情况

（五）企业申报的表外业务的类型、数量

（六）引用其他机构出具的报告的结论所涉及的资产类型、数量和账面金额（或者评估值）

单项资产或者资产组合评估，可以根据具体情况确定内容的详略程度。

二、资产核实情况总体说明

（一）资产核实人员组织、实施时间和过程

（二）特殊资产的核实方法

1. 对于网点多、经营地点分散的资产所采取的核实方法。

2. 对于经营网络、主要客户等情况所采取的核实方法。

（三）核实结论

1. 资产核实结果是否与账面记录存在差异及原因。

2. 权属资料不完善、不清晰的资产核实情况。

三、资产基础法或者成本法评估技术说明

采用成本法评估单项资产或者资产组合，采用资产基础法评估企业价值应当根据评估业务的具体情况，编写评估技术说明。各资产负债评估技术说明应当包含资产负债的内容和金额、核实方法、评估值确定的方法和结论等基本内容。银行、保险公司、证券公司的资产负债项目评估技术说明编写内容指引如下，其他企业可以参照这几类公司的科目编写。

资产基础法评估技术说明，主要金融科目及固定资产科目均应当列举案例说明评估具体过程。每一科目的评估技术说明应当根据项目具体情况确定详略程度。

（一）银行资产基础法评估技术说明编写内容指引

1. 现金及存放中央银行款项。

（1）现金及存放中央银行款项的内容和金额。

（2）现金核实的方法和结论。

（3）存放中央银行款项的金额，评估基准日存款准备金率及应存款金额，存款金额是否超出存款准备金标准。

（4）查验中央银行存款对账单、余额调节表的情况，函证情况，以及评估基准日执行的利率标准。

（5）现金及存放中央银行款项评估值的确定方法和结论。

2. 存放同业款项。

（1）存放同业款项账面金额、存款利率。

（2）存款进行函证情况，不正常的未达账项情况。

（3）存放同业款项评估值的确定方法和结论。

3. 贵金属。

（1）贵金属的种类、规格、重量以及保管方式。

（2）贵金属的盘点方法。

（3）贵金属评估值的确定方法和结论。

4. 拆出资金。

（1）拆出资金账面金额、拆借银行、拆借利率、拆借期限。

（2）拆出资金函证情况。

（3）拆出资金评估值的确定方法和结论。

5. 交易性金融资产。

（1）交易性金融资产的种类、账面金额。

（2）交易性金融资产核实的方法和结论。

（3）交易性金融资产评估值的确定方法和结论。

6. 衍生金融资产。

（1）衍生金融资产的种类、投资日期、持有数量及账面金额。

（2）影响衍生金融资产价值的主要因素，衍生金融资产评估中主要参数（如利率、汇率等）的预测方法，并分析其合理性。

（3）衍生金融资产评估值的确定方法和结论。

7. 买入返售金融资产。

（1）买入返售金融资产的种类、账面金额及情况介绍。

（2）买入返售金融资产核实的方法和结论。

（3）买入返售金融资产评估值的确定方法和结论。

8. 应收利息。

（1）应收利息的主要业务内容和对应金额。

（2）应收利息核实的方法及结论。

（3）应收利息发生时间，可能形成坏账款项的判断依据及结论。

（4）表外应收利息的核实情况。

（5）应收利息评估值的确定方法和结论。

9. 发放贷款及垫款。

（1）贷款。

1）企业贷款管理制度。

2）贷款按照五级分类原则的分类情况，各级别贷款的金额及情况介绍。

3）对公贷款抽样方法，验证贷款五级分类及计提贷款减值准备的合理性。

4）对私贷款抽样方法。

5）函证情况介绍。

6）贷款评估值的确定方法和结论。

（2）贴现资产。

1）贴现资产的账面种类、金额。

2）贴现资产核实的方法和结论。

3）贴现资产评估值的确定方法和结论。

10. 可供出售金融资产。

（1）可供出售金融资产的种类、发生时间和金额。

（2）可供出售金融资产核实的方法和结论。

（3）可供出售金融资产评估值确定的方法和结论。

11. 持有至到期投资。

（1）持有至到期投资的内容和金额。

（2）持有至到期投资核实的方法和结论。

（3）持有至到期投资可以收回金额的判断理由，并说明评估值确定的方法和结论。

12. 长期股权投资。

（1）长期股权投资的内容和金额。

（2）长期股权投资核实的内容（投资日期、持股比例、投资协议等）、方法和结论。

（3）对长期股权投资项目进行分析，根据相关项目的具体资产、盈利状况及其对评估对象价值的影响程度等因素，合理确定是否将其单独评估。对于不单独出具评估说明的各级子公司，应当在其上级公司的评估说明中详细说明其评估方法，披露其重大事项。

（4）以适当方式说明各级子公司采用的评估方法及理由和评估结论。若各级子公司采用两种及两种以上方法评估，应当说明评估结论的选择方法及理由。

13. 投资性房地产。

（1）投资性房地产的种类、内容和金额。

（2）投资性房地产核实的方法和结论，并应当说明投资性房地产权属资料的查验情况，租赁合同约定的租金、租赁期限等内容。

（3）采用收益法评估投资性房地产，应当说明现实租赁合同约定的租金、租赁期限，租赁合同到期后租金的确定方法，折现率确定方法和结论，评估值确定的方法和结论；采用市场法评估投资性房地产，应当说明可比交易实例的选取、可比因素比较调整、评估值确定的方法和结论。

14. 固定资产。

（1）机器设备类固定资产。

1）机器设备类固定资产的数量、账面原值、账面净值、减值准备等。

2）机器设备类固定资产的特点、购置方式、批量购置价格情况、折旧及计提减值方法等。

3）机器设备类固定资产核实的方法和结论。

4）评估方法选取的依据和理由，并列示主要计算公式、参数涵义及参数确定的方法。

5）采用成本法评估，应当说明重置全价的构成、各费用项目的测算过程、采用的价格和费用标准等；说明设备成新状况。

6）采用市场法评估，应当说明交易价格的基本内涵、交易时间等情况。

7）根据评估业务的具体情况，应当选择典型设备（一般指单台金额大、技术典型的设备）举例说明评估参数的测算和判断以及评估值确定的方法、过程和结论。

（2）房屋建筑物类固定资产。

1）房屋建筑物类固定资产的类型、数量、账面原值、账面净值、减值准备等。

2）房屋建筑物类固定资产购建日期、结构形式、权属状况、日常维护、装潢情况、折旧及计提减值方法，以及房屋建筑物类固定资产所占用土地的情况。

3）房屋建筑物类固定资产核实的方法和结论。

4）评估方法选取的依据和理由，并列示主要计算公式、参数涵义及参数确定的方法。

5）采用成本法评估，应当说明重置全价的构成、各费用项目的测算过程、采用的价格和费用标准等；说明房屋建筑物类资产成新状况。

6）采用市场法评估，应当说明选取交易实例的依据或者理由、交易实例的基本情况、成交时间、交易状况及交易价格内涵等，对所选取的交易实例，应当全面介绍比较因素、比较结果以及评估值确定的方法。

7）采用收益法评估，应当说明其租金预测情况，以及折现率确定的方法和结论。

8）根据评估业务的具体情况，应当选择典型房屋建筑物举例说明评估参数的测算和判断以及评估值确定的方法和过程。

9）对于在房屋建筑物科目核算的投资性房地产，应当按投资性房地产的要求编写评估技术说明。

15. 无形资产。

（1）土地使用权（含固定资产——土地）。

1）土地的宗数、面积，土地使用权取得方式、性质、原始入账价值、摊销政策、摊余价值等。

2）土地的登记状况、权利状况、利用状况。土地的登记状况和权利状况，以土地登记、土地使用证和土地使用权出让合同中的有关内容为准，土地利用状况以建筑物、地上附着物等产权登记内容和实地勘查与调查的内容为准。

3）土地的一般因素、区域因素和个别因素。

4）土地使用权核实的方法和结论。

5）土地使用权评估价值内涵，所选取评估方法的依据或者理由。

6）采用市场法评估，应当说明所选交易实例的基本状况、成交日期、成交价格、交易情况等内容，并说明交易情况、交易日期等修正情况。

7）采用收益法评估，应当说明收益期限、净收益与折现率确定的过程和结论。

8）采用成本法评估，应当说明费用项目的构成、各费用项目的测算过程、采用的价格和费用标准等；说明与地上建筑物费用项目的划分；说明评估对象的开发期限、开发状况和相应的开发费用标准及依据；说明土地增值标准的确定方法和依据；说明修正的因素及修正过程。

9）采用基准地价修正法评估，应当说明基准地价的公布时间、批准机关和文号、基准地价的内涵、利用基准地价估算宗地价格的公式；说明宗地位置、用途及评估对象所在级别或者区域的基准地价和对应的因素修正系数；说明评估对象的价值内涵与基准地价内涵的差异，以及修正的内容。

10）采用假设开发法评估时，应当说明开发完成后的不动产价值、后续开发建设的必要支出和应得利润等的确定方法、过程和结论。

11）引用土地估价报告评估结论的，应当说明涉及的土地宗数、面积，土地使用权取得方式、性质、原始入账价值、摊销政策、摊余价值等；说明所引用土地评估结论的地价定义、评估假设、评估方法以及对引用其他机构出具的报告结论进行分析和调整的情况。

（2）其他无形资产。

1）无形资产的名称、形成过程、存在形式、存在期限、权属、原始入账金额、摊销政策、摊余价值等。

2）无形资产核实的内容、方法、过程和结论。

3）选取评估方法的理由，并列示主要计算公式及参数涵义。

4）采用收益法评估，应当说明收益预测的依据，如市场调查结论、订单合同、政府推广文件等。

5）采用成本法评估，应当说明费用项目的构成、各费用项目的测算过程、采用的价格和费用标准等。

6）采用市场法评估，应当说明所选交易实例的依据或者理由，交易实例的基本情况、成交时间、交易状况及交易价格内涵等，对所选取的交易实例，应当全面介绍比较因素、比较结果及评估值确定的方法和结论。

16. 递延所得税资产。

（1）递延所得税资产的种类和内容。

（2）递延所得税资产核实的方法和结论。

（3）递延所得税资产评估值确定的方法和结论。

17. 其他资产。

（1）抵债资产。

1）抵债资产的种类、取得时间、对应的债权金额情况。

2）抵债资产的产权情况，抵债资产产权瑕疵、使用受限等情况对价值的影响分析。

3）抵债资产评估值的确定方法和结论。

（2）上述资产以外的其他资产。

1）其他资产的内容、种类及形成原因等。

2）其他资产核实的方法和结论。

3）其他资产评估值确定的方法和结论。

18. 向中央银行借款。

（1）向中央银行借款的账面金额、笔数、借款利率、期限。

（2）向中央银行借款核实的方法和结论。

（3）向中央银行借款评估值的确定方法和结论。

19. 同业及其他金融机构存放款项。

（1）同业存放的金额，存款的同业银行的名称，存款的种类。

（2）同业及其他金融机构存放款项核实的方法和结论。

（3）同业及其他金融机构存放款项评估值的确定方法和结论。

20. 拆入资金。

（1）拆借机构的名称、拆入资金的期限、拆入利率、账面金额。

（2）拆入资金核实的方法和结论。

（3）函证情况介绍。

（4）拆入资金评估值的确定方法和结论。

21. 交易性金融负债。

（1）交易性金融负债的种类、账面金额。

（2）交易性金融负债核实的方法和结论。

（3）交易性金融负债评估值的确定方法和结论。

22. 衍生金融负债。

（1）衍生金融负债的种类、投资日期、持有数量、持有比例及账面金额。

（2）衍生金融负债核实的方法和结论。

（3）衍生金融负债评估值的确定方法和结论。

23. 卖出回购金融资产款。

（1）卖出回购金融资产款的种类、账面金额。

（2）卖出回购金融资产款核实的方法和结论。

（3）卖出回购金融资产款评估值的确定方法和结论。

24. 吸收存款。

（1）吸收存款的金额，存款的分类。

（2）吸收存款的构成（一年期以上的存款、活期存款、通知存款等）。

（3）吸收存款评估值的确定方法和结论。

25. 应付职工薪酬。

（1）应付职工薪酬的内容和金额。

（2）被评估单位相关职工薪酬政策。

（3）工资、职工福利、社会保险费、住房公积金、工会经费、职工教育经费、非货币性福利、辞退福利等项目的核实方法和结论。

（4）对于无须支付的职工薪酬，应当说明依据和理由。

（5）应付职工薪酬评估值的确定方法和结论。

26. 应交税费。

（1）应交税费的内容和对应金额。

（2）被评估单位相关的税收政策，说明被评估单位所享有的优惠税收政策，享有优惠政策的期限和批准单位等。

（3）应交税费核实的方法和结论。

（4）借方余额的原因及评估方法。

（5）应交税费评估值的确定方法和结论。

27. 应付利息。

（1）应付利息的内容、金额等。

（2）应付利息核实的方法和结论。

（3）应付利息评估值的确定方法和结论。

28. 预计负债。

（1）预计负债的金额和种类。

（2）预计负债核实的方法和结论。

（3）企业确认预计负债的证据以及第三方或者债权人的询证证据等。

（4）预计负债评估值的确定方法和结论。

29. 应付债券。

（1）应付债券的种类（分期付息一次还本的债券、一次还本付息的债券等）、票面金额、债券票面利率、还本付息期限与方式、发行总额、发行日期和编号、委托代售单位、转换股份等情况。

(2) 应付债券核实的方法和结论。

(3) 应付债券评估值的确定方法和结论。

30. 递延所得税负债。

(1) 递延所得税负债的金额、种类和企业确认依据。

(2) 递延所得税负债核实的方法和结论。

(3) 递延所得税负债评估值的确定方法和结论。

31. 其他负债。

(1) 其他应付款。

1) 其他应付款发生时间、原因，相关合同、协议内容。

2) 其他应付款核实的方法和结论。

3) 其他应付款评估值的确定方法和结论。

(2) 存入保证金。

1) 存入保证金的种类、金额、核算方式、存款期限。

2) 存入保证金核实的方法和结论。

3) 存入保证金评估值的确定方法和结论。

(3) 贴现负债。

1) 贴现票据的种类、金额，贴现的时间、金额，票据到期时间。

2) 贴现负债核实的方法和结论。

3) 贴现负债评估值的确定方法和结论。

(4) 上述负债以外的其他负债。

1) 其他负债的种类、形成原因、企业确认依据等。

2) 其他负债核实的方法和结论。

3) 其他负债评估值的确定方法和结论。

(二) 保险公司资产基础法评估技术说明编写内容指引

保险公司部分科目的评估方法与银行相同，保险公司专用科目的评估技术说明编写内容指引如下。

1. 应收保费。

(1) 应收保费的金额、种类。

(2) 应收保费核实的方法和结论。

(3) 应收保费评估值的确定方法和结论。

2. 应收代位追偿款。

(1) 应收代位追偿款发生时间、原因。

(2) 应收代位追偿款核实的方法和结论。

(3) 对可能发生坏账的项目，应当说明原因及取得的证据。

(4) 应收代位追偿款评估值的确定方法和结论。

3. 应收分保账款。

（1）应收分保账款发生时间、原因。

（2）应收分保账款核实的方法和结论。

（3）应收分保账款评估值的确定方法和结论。

4. 应收分保未到期责任准备金、应收分保未决赔款准备金、应收分保寿险责任准备金、应收分保长期健康险责任准备金。

（1）应收分保未到期责任准备金、应收分保未决赔款准备金、应收分保寿险责任准备金、应收分保长期健康险责任准备金发生时间、原因。

（2）应收分保未到期责任准备金、应收分保未决赔款准备金、应收分保寿险责任准备金、应收分保长期健康险责任准备金核实的方法和结论。

（3）应收分保未到期责任准备金、应收分保未决赔款准备金、应收分保寿险责任准备金、应收分保长期健康险责任准备金评估值的确定方法和结论。

5. 保户质押贷款。

（1）企业保户质押贷款管理制度。

（2）保户质押贷款核实的方法和结论。

（3）保户质押贷款评估值的确定方法和结论。

6. 定期存款。

（1）定期存款的金额、种类和企业确认依据。

（2）定期存款核实的方法和结论。

（3）定期存款评估值的确定方法和结论。

7. 存出资本保证金。

（1）存出资本保证金的金额、种类和企业确认依据。

（2）存出资本保证金核实的方法和结论。

（3）存出资本保证金评估值的确定方法和结论。

8. 独立账户资产。

（1）相关合同、协议内容。

（2）独立账户资产核实的方法和结论。

（3）独立账户资产评估值的确定方法和结论。

9. 其他资产。

（1）其他应收款。

1）其他应收款发生时间、原因。

2）其他应收款核实的方法和结论。

3）其他应收款评估值的确定方法和结论。

（2）存出分保准备金。

1）存出分保准备金的金额、种类和企业确认依据。

2）存出分保准备金核实的方法和结论。

3）存出分保准备金评估值的确定方法和结论。

（3）损余物资。

1）损余物资来源，说明原保险合同主要内容。

2）账面价值构成，分析价值构成的合理性。

3）损余物资应当具体说明如何确定完好程度。

4）对于存在失效、变质、残损、无用的损余物资，应当说明对其价值的影响程度，需要技术鉴定的，应当说明鉴定方法及鉴定结论。

5）损余物资评估值的确定方法和结论。

（4）上述资产以外的其他资产。

1）其他资产的内容、种类及形成原因等。

2）其他资产核实的方法和结论。

3）其他资产评估值的确定方法和结论。

10. 短期借款。

（1）借款的金额、发生日期、放贷银行名称、还款期限、贷款利率以及抵（质）押情况。

（2）借款的函证情况。

（3）利息结算、支付情况，并说明利息支付情况对评估值的影响。

（4）短期借款评估值的确定方法和结论。

11. 预收保费。

（1）预收保费的主要业务内容、发生日期。

（2）预收保费核实的方法和结论。

（3）预收保费评估值的确定方法和结论。

12. 应付手续费及佣金。

（1）应付手续费及佣金的主要业务内容、发生日期。

（2）应付手续费及佣金核实的方法和结论。

（3）应付手续费及佣金评估值的确定方法和结论。

13. 应付分保账款。

（1）应付分保账款的主要业务内容、发生日期。

（2）应付分保账款核实的方法和结论。

（3）应付分保账款评估值的确定方法和结论。

14. 应付赔付款。

（1）应付赔付款的主要业务内容、发生日期。

（2）应付赔付款核实的方法和结论。

（3）应付赔付款评估值的确定方法和结论。

15. 应付保单红利。

（1）简要介绍被评估单位应付保单红利的基本情况。

（2）对应付保单红利按合同、协议清查核实情况。

（3）对于长期未付的应付保单红利，应说明原因，并说明是否考虑可能需要支付逾期利息对企业负债增加的因素。

（4）应付保单红利评估值的确定方法和结论。

16. 保户储金及投资款。

（1）简要介绍被评估单位投资型保险业务的基本政策；说明该政策是否符合国家相关政策、是否合理。

（2）保户储金及投资款的明细内容。

（3）保户储金及投资款核实的方法和结论。

（4）保户储金及投资款评估值的确定方法和结论。

17. 未到期责任准备金、保险责任准备金（未决赔款准备金、寿险责任准备金、长期健康险责任准备金）的评估。

（1）被评估单位未到期责任准备金、保险责任准备金（未决赔款准备金、寿险责任准备金、长期健康险责任准备金）的基本政策；说明该政策是否符合国家相关政策、是否合理。

（2）未到期责任准备金、保险责任准备金（未决赔款准备金、寿险责任准备金、长期健康险责任准备金）的明细内容、计提依据。

（3）未到期责任准备金、保险责任准备金（未决赔款准备金、寿险责任准备金、长期健康险责任准备金）核实的方法和结论。

（4）未到期责任准备金、保险责任准备金（未决赔款准备金、寿险责任准备金、长期健康险责任准备金）评估值的确定方法和结论。

18. 长期借款。

（1）借款的金额、发生日期、放贷银行名称、还款期限和贷款利率以及抵（质）押情况。

（2）借款的函证情况。

（3）利率水平、结算方式和结算时间对评估结论的影响。

（4）长期借款评估值的确定方法和结论。

19. 独立账户负债。

（1）独立账户负债类别。

（2）独立账户负债核实的方法和结论。

（3）独立账户负债评估值的确定方法和结论。

20. 其他负债。

（1）其他应付款。

1）其他应付款发生时间、原因。

2）其他应付款核实的方法和结论。

3）其他应付款评估值的确定方法和结论。

（2）存入分保准备金。

1）存入分保准备金的金额、种类和企业确认依据。

2）存入分保准备金核实的方法和结论。

3）存入分保准备金评估值的确定方法和结论。

（3）上述负债以外的其他负债。

1）其他负债的种类、形成原因、企业确认依据等。

2）其他负债核实的方法和结论。

3）其他负债评估值的确定方法和结论。

（三）证券公司资产基础法评估技术说明编写内容指引

证券公司部分科目的评估方法与银行相同，证券公司专用科目的评估技术说明编写内容指引如下。

1. 存出保证金。

（1）存出保证金类别。

（2）存出保证金核实的方法和结论。

（3）存出保证金评估值的确定方法和结论。

2. 结算备付金。

（1）结算备付金的账面金额及明细分类。

（2）结算备付金核实的方法和结论。

（3）结算备付金评估值的确定方法和结论。

3. 其他资产。

（1）代理兑付证券、代理业务资产。

1）代理兑付证券、代理业务资产相关合同情况。

2）代理兑付证券、代理业务资产核实的方法和结论。

3）代理兑付证券、代理业务资产评估值的确定方法和结论。

（2）上述资产以外的其他资产。

1）其他资产的内容、种类及形成原因等。

2）其他资产核实的方法和结论。

3）其他资产评估值的确定方法和结论。

4. 代理买卖证券款、代理承销证券款。

（1）代理买卖证券款、代理承销证券款的资产类别。

（2）代理买卖证券款、代理承销证券款核实的方法和结论。

（3）代理买卖证券款、代理承销证券款评估值的确定方法和结论。

5. 其他负债。

（1）代理兑付证券款、代理业务负债。

1）代理兑付证券款、代理业务负债资产类别。

2）代理兑付证券款、代理业务负债核实的方法和结论。

3）代理兑付证券款、代理业务负债评估值的确定方法和结论。

（2）上述负债以外的其他负债。

1）其他负债的内容、种类及形成原因等。

2）其他负债核实的方法和结论。

3）其他负债评估值的确定方法和结论。

四、收益法评估技术说明

采用收益法进行企业价值评估，应当根据行业特点、企业经营方式和所确定的预期收益口径以及评估的其他具体情况等，确定评估技术说明的编写内容，一般编写内容指引如下。

（一）说明评估对象，即企业整体价值、股东全部权益和股东部分权益

（二）收益法的应用前提及选择的理由和依据

1. 收益法的定义和原理。

2. 收益法的应用前提。

3. 收益法选择的理由和依据。

（三）收益预测的假设条件

收益预测的假设条件应当结合评估业务的具体情况确定。一般包括：

1. 针对评估基准日资产的实际状况，假设企业持续经营。

2. 假设公司的经营者是负责的，并且公司管理层有能力担当其职务。

3. 除非另有说明，假设公司完全遵守所有有关的法律法规。

4. 假设公司未来将采取的会计政策和编写此份报告时所采用的会计政策在重要方面基本一致。

5. 无其他人力不可抗拒因素及不可预见因素对企业造成重大不利影响。根据评估的要求，认定这些假设条件在评估基准日时成立，当未来经济环境发生较大变化时，将不承担由于假设条件改变而推导出不同评估结论的责任。

（四）企业经营、资产、财务分析

1. 被评估单位所在行业状况及发展前景，国家货币政策及对金融行业主要监管政策分析。

2. 企业内部管理制度、人力资源、核心技术、研发状况、销售网络、特许经营权、管理层构成等经营管理状况分析。

3. 企业历史年度财务分析。一般包括收入、支出分析，资金运用方式、盈利能力、营运能力分析以及成长性分析等。

针对经营业务内容不同，不同种类的金融企业历史年度经营状况应当重点介绍以下内容，如：

银行的经营状况应当重点说明利率与汇率变化趋势、信贷市场规模、各类业务的市场占有率等历史情况。

保险公司的经营状况应当重点说明保险品种规模、各类业务的市场占有率等历史情况。

证券公司的经营状况应当重点说明证券市场规模、各类业务的市场占有率等历史情况。

4. 经营性资产、非经营性资产、溢余资产分析。

（五）评估计算及分析过程

评估计算及分析过程需要对收益法评估表进行详细解释。

1. 收益模型的选取。

（1）选取收益法的具体测算方法及模型。

（2）列示计算公式并对参数进行解释与说明。

2. 收益年限的确定。

确定收益年限并说明其理由。

3. 未来收益的确定。

未来收益的确定一般包括以下主要项目的预测，收入、成本费用等项目的名称及具体内容应当根据企业的实际经营情况确定。

（1）经营模式与收益主体、口径的相关性。

（2）收入的预测。

1）营业收入的预测。通常包括区域经济发展与市场环境、业内竞争情况与企业对策、公司的营业收入及构成分析和营业收入的预测。

2）资金运用收益预测及依据。

3）公允价值变动收益预测。

4）汇兑收益预测。

5）其他业务收入预测。

（3）支出的预测。

1）营业税金及附加的估算。

2）业务及管理费用的预测。

3）资产减值损失的预测。

4）其他业务成本预测。

（4）折旧与摊销的预测。

（5）追加投资预测。

4. 折现率的确定。

（1）所选折现率的模型。

（2）模型中有关参数的选取过程。

例如：无风险报酬率选取依据及过程、市场收益率选取依据及过程、Beta（贝塔）系数的测算。

（六）收益法说明应当体现主要业务的预测过程，如：

1. 银行的收益法说明应当披露信贷业务、投资业务、中间业务等重要业务收益参数的预测过程。

2. 保险公司的收益法说明应当披露保费收入、投资收益、各项保险准备金计提等重要项目收益参数预测过程，寿险公司应当披露评估选取参数与精算报告相关参数的适配性。

3. 证券公司的收益法说明应当披露证券市场周期对企业经营的影响分析，应当详细披露经纪业务、承销业务及自营业务等不同业务板块的收益参数预测过程。

（七）企业执行国家有关部门制定的行业监管指标情况，并披露其对企业价值的影响

（八）评估值测算过程与结论

1. 列表说明公式中的各参数以及测算过程。

2. 终值的估算。

3. 评估结论。

（九）其他资产和负债（如非经营性资产）的评估价值

1. 评估的资产和负债类型。

2. 评估方法。

3. 评估结论。

（十）评估结论

（十一）收益法评估明细表

采用收益法进行企业价值评估，应当编制必要的收益法评估明细表。明细表中的数据应当与资产评估报告相应内容一致。

不同类型的金融企业业务模式不同，适用的收益法评估表也有所区别。采用股权自由现金流折现模型，通常编制财务报表调整表（如有）、现金流量测算表、收入预测表、支出预测表、所有者权益变动表、其他综合收益预测表、折现率测算表；采用企业自由现金流折现模型，通常编制财务报表调整表（如有）、现金流量测算表、收入预测表、支出预测表、折旧摊销预测表、资本性支出预测表、净流动资金增加额预测表、折现率测算表。

收益法评估表表头应当含有项目名称、被评估单位、评估基准日、金额单位等；必要时，在表外可以对各项数据进行解释。

收益法评估表应当编制以人民币万元为金额单位的收益法评估汇总表。

五、市场法评估技术说明

采用市场法进行企业价值评估，应当根据所采用的具体评估方法（如上市公司比较法或者交易案例比较法）确定评估技术说明的编写内容。一般编写内容指引如下。

（一）说明评估对象，包括企业整体价值、股东全部权益、股东部分权益。

（二）选取的市场法的定义、原理、应用前提及评估选用的理由。

（三）对被评估单位所在行业发展状况与前景进行分析。

（四）搜集相关资料，对评估对象基本情况进行阐述。

（五）分析、确定可比公司，对可比公司与评估对象的可比性进行分析。

（六）确定可比因素的方法和过程：

1. 对可比因素进行分析时，除考虑主要财务指标外，还应当结合不同种类的金融企业的特点选择恰当的可比因素，如：

（1）银行的存贷款规模、营业网点、客户质量与数量等因素。

（2）保险公司的客户质量与数量、营业网点等因素。

（3）证券公司的证券市场周期对企业经营的影响，客户质量与数量、营业网点、经营模式等因素。

2. 说明各项可比因素的确定过程。

（七）企业执行国家有关部门制定的行业监管指标情况，并披露其对企业价值的影响。

（八）评估值的估算过程、评估结论及分析。

六、评估结论及分析

（一）评估结论

1. 用文字叙述账面价值和评估价值，采用两种或者两种以上方法进行企业价值评估，应当分别说明评估价值，以及不同评估方法结论的差异及其原因和确定最终评估结论的理由。

2. 含有“评估结论根据以上评估工作得出”的字样。

3. 对于存在多家被评估单位的情况，应当分别说明评估价值。

4. 对于不纳入评估汇总表的评估结果，应当单独列示。

（二）评估结论与账面价值比较变动情况及原因

1. 说明评估结论与账面价值比较变动情况，包括绝对变动额和相对变动率。

2. 分析评估结论与账面价值比较变动原因。

（三）折价或者溢价情况（如有）

企业价值评估，在适当及切实可行的情况下需要考虑由于控股权和少数股权等因素产生的溢价或者折价，以及流动性对评估对象价值的影响，包括但不限于：

1. 说明是否考虑了折价与溢价。

2. 说明折价或者溢价测算的方法，对其合理性做出判断。

知识产权资产评估指南

2017年9月8日　中评协〔2017〕44号

第一章　总　则

第一条　为规范知识产权资产评估行为，保护资产评估当事人合法权益和公共利益，根据《资产评估执业准则——无形资产》制定本指南。

第二条　本指南所称知识产权资产，是指知识产权权利人拥有或者控制的，能够持续发挥作用并且带来经济利益的知识产权权益。知识产权资产包括专利权、商标专用权、著作权、商业秘密、集成电路布图设计和植物新品种等。

第三条　本指南所称知识产权资产评估，是指资产评估机构及其资产评估专业人员遵守法律、行政法规和资产评估准则，根据委托对评估基准日特定目的下的知识产权资产价值进行评定和估算，并出具资产评估报告的专业服务行为。

第四条　执行知识产权资产评估业务，应当遵守本指南。

第二章　基本遵循

第五条　资产评估机构及其资产评估专业人员开展知识产权资产评估业务，应当遵守法律、行政法规的规定，坚持独立、客观、公正的原则，诚实守信，勤勉尽责，谨慎从业，遵守职业道德规范，自觉维护职业形象，不得从事损害职业形象的活动。

第六条　资产评估机构及其资产评估专业人员开展知识产权资产评估业务，应当独立进行分析和估算并形成专业意见，拒绝委托人或者其他相关当事人的干预，不得直接以预先设定的价值作为评估结论。

第七条　执行知识产权资产评估业务，应当具备知识产权资产评估的专业知识和实践经验，能够胜任所执行的知识产权资产评估业务。

执行某项特定业务缺乏特定的专业知识和经验时，应当采取弥补措施，包括利用专家工作及相关报告等。

第八条　资产评估机构应当关注知识产权资产评估业务的复杂性，根据自身的资产评估专业人员配备、专业知识和经验，审慎考虑是否有能力受理知识产权资产评估业务。

第九条　执行知识产权资产评估业务，应当明确评估对象、评估范围、评估目的、评估基准日、价值类型和资产评估报告使用人。

第十条　知识产权资产评估目的通常包括转让、许可使用、出资、质押、诉讼、财务报告等。

第十一条　执行知识产权资产评估业务，应当充分考虑评估目的、市场条件、评估对象自身条件等因素，恰当选择价值类型。

第十二条　执行知识产权资产评估业务，应当对资产评估活动中使用的资料进行核查验证。

第十三条　执行知识产权资产评估业务，应当合理使用评估假设。

第十四条　执行知识产权资产评估业务，应当关注宏观经济政策、行业政策、经营条件、生产能力、市场状况、产品生命周期等各项因素对知识产权资产效能发挥的作用，以及对知识产权资产价值产生的影响。

第十五条　执行知识产权资产评估业务，应当关注知识产权资产的基本情况：

（一）知识产权资产权利的法律文件、权属有效性文件或者其他证明资料；

（二）知识产权资产特征和使用状况，历史沿革以及评估与交易情况；

（三）知识产权资产实施的地域范围、领域范围、获利能力与获利方式，知识产权资产是否能给权利人带来显著、持续的可辨识经济利益；

（四）知识产权资产的法定寿命和剩余经济寿命，知识产权资产的保护措施；

（五）知识产权资产实施过程中所受到的法律、行政法规或者其他限制；

（六）类似知识产权资产的市场价格信息；

（七）其他相关信息。

第十六条　执行知识产权资产评估业务，应当要求委托人明确评估对象，并关注评估对象的权利状况以及法律、经济、技术等具体特征。

知识产权资产通常与其他资产共同发挥作用，执行知识产权资产评估业务应当根据评估对象的具体情况和评估目的分析、判断知识产权资产的作用，恰当进行单项知识产权资产或者知识产权资产组合的评估，合理确定知识产权资产的价值。

第十七条　专利资产是指专利权利人拥有或者控制的，能够持续发挥作用并且带来经济利益的专利权益。专利资产评估业务的评估对象是指专利资产权益，包括专利所有权和专利使用权。专利使用权是指专利实施许可权，具体形式包括专利权独占许可、独家许可、普通许可和其他许可形式。

执行专利资产评估业务，应当明确专利资产的权利属性。评估对象为专利所有权的，应当关注专利权是否已经许可他人使用以及使用权的具体形式，并关注其对专利所有权价值的影响。评估对象为专利使用权的，应当明确专利使用权的许可形式、许可内容及许可期限。

第十八条　商标资产是指商标权利人拥有或者控制的，能够持续发挥作用并且能带来经济利益的注册商标权益。注册商标包括商品商标、服务商标、集体商标、证明商标。商标资产评估涉及的商标通常为商品商标和服务商标。

商标资产评估对象是指受法律保护的注册商标资产权益，包括商标专用权、商标许可权。评估对象为商标专用权的，应当关注商标是否已经许可他人使用以及具体许可形式评估对象为商标许可权的，应当明确该权利的具体许可形式、内容和期限。

第十九条　著作权资产，是指著作权权利人拥有或者控制的，能够持续发挥作用并且带来经济利益的著作权财产权益和与著作权有关权利的财产权益。著作权资产评估对象是指著作权中的财产权益以及与著作权有关权利的财产权益。

著作权财产权利种类包括复制权、发行权、出租权、展览权、表演权、放映权、广播权、信息网络传播权、摄制权、改编权、翻译权、汇编权以及著作权人享有的其他财产权利。

与著作权评估有关的权利通常包括出版者对其出版的图书、期刊的版式设计的权利，表演者对其表演享有的权利，录音、录像制作者对其制作的录音、录像制品享有的权利，广播电台、电视台对其制作的广播、电视所享有的权利以及由法律、行政法规规定的其他与著作权有关的权利。

著作权资产的财产权利形式包括著作权人享有的权利，以及转让或者许可他人使用的权利。许可使用形式包括法定许可和授权许可；授权许可形式包括专有许可、非专有许可和其他形式许可等。

执行著作权资产评估业务，应当明确著作权资产的权利形式。当评估对象为著作权许可使用权时，应当明确具体许可形式、内容和期限。

执行著作权资产评估业务，还应当关注原创著作权和衍生著作权之间的权利关系以及著作权与有关权利之间的关系。

第二十条　商业秘密，是指不被公众所知悉、能为权利人带来经济利益、具有实用性并经权利人采取保密措施的技术信息和经营信息，包括设计、程序、产品配方、制作工艺、制作方法、管理诀窍、客户名单、货源情报、产销策略、招投标中的标底及标书内容等信息。设计、程序、产品配方、制作工艺、制作方法等在实务中通常称为专有技术或者技术诀窍。

执行商业秘密资产评估业务，应当关注商业秘密的保密级别、保密期限、应用范围等，同时应当考虑权利人对商业秘密采取的保护措施，如竞业禁止协议等对商业秘密价值的影响。

第二十一条　集成电路布图设计，是指集成电路中至少有一个是有源元件的两个以上元件和部分或者全部互联线路的三维配置，或者为制造集成电路而准备的上述三维配置。其中，集成电路是指半导体集成电路，即以半导体材料为基片，将至少有一个是有源元件的两个以上元件和部分或者全部互联线路集成在基片之中或者基片之上，以执行某种电子功能的中间产品或者最终产品。

集成电路布图设计资产评估对象是指集成电路布图设计资产的权益，包括专有权和许可他人使用的权利。

集成电路布图设计权利人享有下列专有权：

（一）对受保护的布图设计的全部或者其中任何具有独创性的部分进行复制；

（二）将受保护的布图设计、含有该布图设计的集成电路或者含有该集成电路的物品投入商业利用。

集成电路布图设计权利人可以将其专有权转让或者许可他人使用其布图设计。

在执行集成电路布图设计资产评估业务时，应当关注是否存在反向工程、强制许可、独立创作的相同设计等情况，并考虑其对评估结论的影响。

第二十二条　植物新品种是指经过人工培育的或者对发现的野生植物加以开发，具备新颖性、特异性、一致性和稳定性，并有适当命名的植物品种。

植物新品种资产评估对象是指相关权利人拥有或控制的，能够持续发挥作用并且能带来经济利益的由农业部门或者林业部门授予的植物新品种权益。

执行涉外转让植物新品种资产评估业务，应当要求委托人提供包括相关审批机关予以登记的证明、相关审批机关同意转让的批准回复以及相关审批机关发布的转让公告等经济行为依据。

执行植物新品种资产评估业务，应当关注植物新品种是否已经由相关部门审定以及审定对植物新品种应用范围的限制。

第二十三条　确定知识产权资产价值的评估方法包括市场法、收益法和成本法三种基本方法及其衍生方法。

执行知识产权资产评估业务，应当根据评估目的、评估对象、价值类型、资料收集等情况，分析上述三种基本方法的适用性，选择评估方法。

第二十四条　编制知识产权资产评估报告应当反映知识产权资产的特点，通常包括下列内容：

（一）知识产权资产的性质、权利状况及限制条件；

（二）知识产权资产实施的地域限制、领域限制及法律限制条件；

（三）宏观经济和行业前景；

（四）知识产权资产应用的历史、现实状况与发展前景；

（五）知识产权资产的获利期限；

（六）评估依据的信息来源；

（七）其他必要信息。

第二十五条　知识产权资产评估报告应当明确说明评估过程和依据，通常包括下列内容：

（一）价值类型的选择及其定义；

（二）评估方法的选择及其理由；

（三）各重要参数的来源、分析、比较与测算过程；

（四）对测算结果进行分析，形成评估结论的过程；

（五）评估结论成立的假设前提和限制条件；

（六）可能影响评估结论的特别事项。

第三章　以转让或者许可使用为目的的知识产权资产评估

第二十六条　执行以转让或者许可使用为目的的知识产权资产评估业务，应当知晓评估对象通常为知识产权资产的所有权或者使用权，并要求委托人明确评估对象。

第二十七条　执行以转让或者许可使用为目的的知识产权资产评估业务，应当考虑评估目的、市场条件、评估对象自身条件等因素，恰当选择价值类型。以出资、转让、许可使用等交易为目的的通常选择市场价值或者投资价值。

第二十八条　执行以转让为目的的知识产权资产评估业务，应当关注委托人已经确定的转让方式和转让价款的支付方式等因素，确定其对评估结论的影响，并在资产评估报告中披露转让方式等事项。

第二十九条　执行以许可使用为目的的知识产权资产评估业务，应当关注许可使用的具体形式、许可使用费支付方式、许可使用期限和范围等，确定其对评估结论的影响，并在资产评估报告中披露许可使用的具体形式、许可使用费支付方式、许可使用期限和范围等。

第四章　以出资为目的的知识产权资产评估

第三十条　执行以出资为目的的知识产权资产评估业务，应当熟悉知识产权管理部门以及工商行政管理部门关于知识产权出资的有关规定。

第三十一条　以出资为目的的知识产权资产评估业务包括：

（一）工商行政管理部门受理的有限责任公司或者股份有限公司设立或者增资时，对作为股东或者发起人出资的知识产权资产进行的评估；

（二）工商行政管理部门受理的其他非公司法人类型企业所涉及的以知识产权资产出资的资产评估；

（三）法律、行政法规规定的其他需要进行知识产权资产评估的事项。

第三十二条　知识产权出资应当符合《中华人民共和国公司法》《中华人民共和国公司登记管理条例》《公司注册资本登记管理规定》等法律、行政法规的要求。

执行知识产权资产出资评估业务应当关注评估对象是否可以用于出资，但不得对评估对象是否可以作为出资资产进行确认或者发表意见。

第三十三条　对重组、改制企业的知识产权资产进行评估时，应当关注的内容通常包括：

（一）资产的权利人与出资人是否一致；

（二）出资人的经济行为是否需经有权机构批准，并经相关管理部门审查同意；

（三）设定他项权利的资产是否与其相对应的负债分离；

（四）企业重组、改制方案以及批复文件和相关法律意见书等。

第三十四条　执行知识产权出资资产评估业务应当关注评估对象可使用期限对其价值的影响，并结合知识产权资产法定保护期限以及受益期限评估其价值。

第三十五条　采用收益法评估知识产权资产时，应当结合出资目的实现后评估对象合理的生产规模、市场份额、技术及管理水平等因素，综合判断未来收益预测的合理性。

第三十六条　对以包含知识产权的资产负债组合出资的，应当依据同口径的可靠财务数据，分别选用适当的评估方法对各项资产和负债价值进行评估，以资产组合方式列示其价值。

第五章　以质押为目的的知识产权资产评估

第三十七条　执行以质押为目的的知识产权资产评估业务，应当熟悉《中华人民共和国担保法》《中华人民共和国物权法》以及知识产权管理部门、金融管理部门关于知识产权质押融资的相关规定。

第三十八条　执行知识产权资产质押评估业务应当关注出质知识产权需要具备的以下基本条件：

（一）出质人拥有完整、合法、有效的相关知识产权权利，产权关系明晰；

（二）出质的知识产权具有一定的价值，可以依法转让；

（三）以专利权出质的，应当符合国家知识产权局关于专利权质押登记的相关规定；以商标专用权出质的，应当符合工商行政管理局关于注册商标专用权质权登记的相关规定；以著作权出质的，应当符合国家版权局关于著作权质权登记的相关规定；

（四）构成知识产权组合的各单项知识产权，如果共同出质设定为质押对象，应当符合相关行政主管部门质押登记的有关规定；

（五）符合其他法律、行政法规的要求。

第三十九条　执行知识产权资产质押评估业务应当关注出质知识产权的具体情况：

（一）在评估共有知识产权时，应当关注知识产权共有人是否一致同意将该知识产权进行质押；

（二）评估对象是否存在合同约定的出质限制，包括时间、地域方面的限制以及存在质押、诉讼等权利限制；

（三）涉及知识产权质物处置评估时，应当关注与质押知识产权资产实施和运用不可分割的其他资产是否一并处置。

第四十条　执行知识产权资产质押评估业务应当关注评估对象是否可以用于出质，但不得对评估对象是否可以作为出质资产进行确认或者发表意见。

第四十一条　委托人将评估基准日设定在确定贷款审批发放或者作出其他质押融资决策之前的，为了解知识产权资产在通常条件下能够合理实现的价值并以此确定贷款额度，可以委托评估其市场价值或者其他类型的价值。

委托人将评估基准日设定在出质人违约、拟处置知识产权资产时，为确定处置底价或者可变现价值提供参考依据，可以委托评估其市场价值或者清算价值。

第四十二条　执行知识产权资产质押评估业务应当关注知识产权资产质押风险对资产评估报告相关信息披露的特殊要求，并对相关事项作出充分披露。

第四十三条　需要在存在重大不确定因素情况下作出评估相关判断的，应当保持必要的谨慎，尽可能充分估计知识产权资产在处置时可能受到的限制、未来可能发生的风险和损失，并在资产评估报告中作出必要的风险提示。法定优先受偿权利等情况的书面查询资料，应当作为资产评估报告的附件。

第四十四条　跟踪评估出质知识产权市场价值或者其他类型的价值，应当对知识产权实施市场已经发生的变化予以充分考虑和说明。

第六章　以诉讼为目的的知识产权资产评估

第四十五条　执行以诉讼为目的的知识产权资产评估业务，应当熟悉国家司法部门和知识产权管理部门有关知识产权诉讼的规定。

第四十六条　执行以诉讼为目的的知识产权资产评估业务，应当与委托人和相关当事人进行充分沟通，了解案情基本情况，并且通过现场调查和资料收集等确认评估对象和评估范围，诉讼评估的知识产权资产通常为涉案资产或者其他相关经济利益。

其他相关经济利益是指一方当事人的行为给另一方当事人造成的经济损失以及费用增加等，通常包括侵权损失、资产损害，以及由于个人或者法人经营、合同纠纷等行为引起的相关经济利益变化。

第四十七条　执行以诉讼为目的的知识产权资产评估业务，应当提醒委托人根据评估对象和具体案件的不同，合理确定评估基准日。评估基准日可以是过去或者现在的某一时间点。

第四十八条　执行以诉讼为目的的知识产权资产评估业务，应当根据评估目的、评估对象、案件具体情况以及所处阶段的不同，合理确定涉案知识产权资产评估的价值类型。

第四十九条　执行以诉讼为目的的知识产权资产评估业务，应当尽可能要求委托人和其他相关当事人提供相关资料，并要求其对资料的真实性、完整性、合法性进行确认，同时通过市场调查、专家访谈等方式收集评估资料。

第五十条　执行以诉讼为目的的知识产权资产评估业务，应当尽可能在委托人、其他相关当事人的配合下进行现场调查。

现场调查时应当保留必要的文字、语音、照片、影像等资料，以书面形式记录调查的时间、地点、过程、结果等，并与参加现场调查的委托人、其他相关当事人等共同确认。

如果调查时出现委托人或者其他相关当事人不在现场，或者相关人员不予配合等情况，则应详细记录现场情况，收集必要的证据资料，并在资产评估报告中予以披露。

第五十一条　编制以诉讼为目的的知识产权资产评估报告，应当重点披露下列内容：

（一）是否存在资产评估委托合同（委托要约）对资产评估基本事项约定不明确，或者评估对象和评估范围与资产评估委托合同（委托要约）约定不一致的情形；

（二）涉案知识产权资产以及其他相关经济利益的具体内容以及价值构成；

（三）现场调查和资料收集过程中委托人和其他相关当事人的配合情况；

（四）其他可能影响正确理解评估结论和资产评估报告使用的事项。

第七章　以财务报告为目的的知识产权资产评估

第五十二条　执行以财务报告为目的的知识产权评估业务，应当提醒委托人根据项目具体情况以及会计准则要求，合理确定评估对象。评估对象可以是单项知识产权资产，也可以是知识产权资产组合或者与其他有形和无形资产组成的资产组。

第五十三条　执行会计准则规定的合并对价分摊事项涉及的知识产权资产评估业务，购买方取得的被购买方拥有的但在其财务报表上未确认的知识产权资产被确认为无形资产的，需要满足以下条件之一：

（一）源于合同性权利或者其他法定权利；

（二）能够从被购买方资产分离或者划分出来，并能单独或者与相关合同、资产和负债一起，用于出售、转移、授予许可、租赁或者交换。

第五十四条　执行会计准则规定的合并对价分摊事项涉及的知识产权资产评估业务，如果知识产权资产是不可分离的或者其市场价值不能可靠计量，应当将该项知识产权资产所在的最小资产组作为评估对象；如果与知识产权资产相联系资产的单独市场价值能可靠计量，并且各单项资产具有相同或者近似的使用寿命，可以将该项知识产权资产所在的最小资产组作为评估对象。

第五十五条　执行会计准则规定的减值测试涉及的知识产权资产评估业务应当知晓，使用寿命不确定的知识产权资产一般每年都进行减值测试，而使用寿命确定的知识产权资产只有在存在明显的减值迹象时才进行减值测试。

第八章　附　　则

第五十六条　本指南自 2017 年 10 月 1 日起施行。中国资产评估协会于 2015 年 12 月 31 日发布的《关于印发〈知识产权资产评估指南〉的通知》（中评协〔2015〕82 号）同时废止。

以财务报告为目的的评估指南

2017 年 9 月 8 日　中评协〔2017〕45 号

第一章　总　　则

第一条　为规范以财务报告为目的的评估行为，保护资产评估当事人合法权益和公共利益，根据《资产评估基本准则》制定本指南。

第二条　本指南所称以财务报告为目的的评估，是指资产评估机构及其资产评估专业人员遵守法律、行政法规、资产评估准则和会计准则及会计核算、披露的有关要求，根据委托对评估基准日以财务报告为目的所涉及的各类资产和负债公允价值或者特定价值进行评定和估算，并出具资产评估报告的专业服务行为。

第三条　执行以财务报告为目的的评估业务，应当遵守本指南。

第四条　资产评估专业人员可以参照本指南执行以下与以财务报告为目的的评估业务相关的其他业务，主要包括：

（一）开展与价值估算相关的议定程序，以协助企业判断与资产和负债价值相关的参数、特征等，主要包括：

1. 估算或者测算资产的更新或者复原重置成本；

2. 协助企业判断、确定资产使用年限、尚可使用年限、实物状态、质量等参数、特征，以及验证资产的真实存在性；

3. 协助企业确定、判断资产获利能力和预测资产的未来收益；

4. 执行与负债价值有关的议定程序。

（二）协助企业管理层对能否持续可靠地取得公允价值做出正确的评价。

第二章　基本遵循

第五条　资产评估专业人员应当坚持独立、客观、公正的原则，勤勉尽责，保持应有的职业谨慎，独立进行分析和估算并形成专业意见。

第六条　执行以财务报告为目的的评估业务，应当理解相关会计准则的概念、原则及其与资产评估准则相关概念、原则之间的联系与区别，具备相应的专业知识和实践经验，胜任所执行的评估业务。

资产评估专业人员应当关注以财务报告为目的的评估业务的复杂性，根据自身的专业知识及经验，审慎考虑是否有能力受理相关评估业务。

执行某项特定业务缺乏特定的专业知识和经验时，应当采取弥补措施，包括利用专家工作及相关报告等。

第七条　由于会计准则和相关法规的修改，导致在执行以财务报告为目的的评估业务时无法完全遵守本指南的要求，应当在资产评估报告中进行说明。

第八条　执行以财务报告为目的的评估业务，应当与企业和执行审计业务的注册会计师进行必要的沟通，明确评估业务基本事项并充分理解会计准则或者相关会计核算、披露的具体要求。

第九条　资产评估专业人员应当提醒委托人根据会计准则的相关要求确定评估基准日。评估基准日可以是资产负债表日、购买日、减值测试日、首次执行日等。

第十条　资产评估专业人员应当要求委托人或者其他相关当事人提供涉及评估对象和评估范围的必要资料。委托人和其他相关当事人依法提供并保证其真实性、完整性、合法性。

资产评估专业人员应当依法对执行以财务报告为目的的评估业务中使用的资料进行核查验证。

第十一条　资产评估专业人员应当根据以财务报告为目的评估业务的具体情况合理确定评估假设。

第三章　评估对象

第十二条　执行以财务报告为目的的评估业务，应当与委托人进行充分协商，明确评估对象，并充分考虑评估对象的法律、物理与经济等具体特征对评估业务的影响。

第十三条　资产评估专业人员应当关注会计准则中特定会计事项所对应的评估对象，从委托人或者其他相关当事人处取得的评估对象的具体组成等详细资料，关注相关资产、负债在企业营运中的作用；并提请企业管理层按其经营意图以及会计准则的规定、相关核算要求对有关资产、负债进行妥当的分类。

第十四条　在执行会计准则规定的合并对价分摊事项涉及的评估业务时，对应的评估对象应当是合并中取得的被购买方可辨认资产、负债及或有负债，该评估对象与被购买方企业价值评估所对应的对象不同。

资产评估专业人员应当关注各类可辨认无形资产的识别及计量。

第十五条　在执行会计准则规定的包括商誉在内的各类资产减值测试涉及的评估业务时，对应的评估对象可能是单项资产，也可能是资产组或者资产组合。其中，固定资产减值测试的评估对象一般以资产组的形式出现；商誉减值测试的评估对象主要以资产组或者资产组组合的形式出现。

第十六条　在执行会计准则规定的投资性房地产评估业务时，对应的评估对象包括已出租的土地使用权、持有并准备增值后转让的土地使用权、已出租的建筑物。

资产评估专业人员应当关注投资性房地产现有租约期限及租金内涵等对公允价值评估的

影响，包括租期、租金收取方式、约定租金相对于市场租金的差异、租金内涵、特殊使用目的、分割或者合并使用的差异等，剔除不属于评估对象收益以及非正常因素的影响。

第十七条　资产评估专业人员应当关注金融资产和金融负债公允价值计量过程中是否以单项资产或者资产组为计量单位、资产核算分类、混合金融工具是否分拆等重要影响事项。

第四章　价值类型

第十八条　执行以财务报告为目的的评估业务，应当根据会计准则或者相关会计核算与披露的具体要求、评估对象等相关条件明确价值类型。会计准则规定的计量属性可以理解为相对应的评估价值类型。

第十九条　资产评估专业人员协助企业进行资产减值测试，应当关注评估对象在减值测试日的可回收价值、资产预计未来现金流量的现值以及公允价值减去处置费用的净额之间的联系及区别。

（一）可回收价值等于资产预计未来现金流量的现值或者公允价值减去处置费用的净额孰高者。在已确信资产预计未来现金流量的现值或者公允价值减去处置费用的净额其中任何一项数值已经超过所对应的账面价值，并通过减值测试的前提下，可以不必计算另一项数值。

（二）计算资产预计未来现金流量的现值时，对资产预计未来现金流量的预测应基于特定实体现有管理模式下可能实现的收益。预测一般只考虑单项资产或者资产组内主要资产项目在简单维护下的剩余经济年限，即不考虑单项资产或者资产组内主要资产项目的改良或重置；资产组内资产项目于预测期末的变现净值应当纳入资产预计未来现金流量现值的计算。

（三）计算公允价值减去处置费用的净额时，会计准则允许直接以公平交易中销售协议价格，或者与评估对象相同或相似资产在其活跃市场上反映的价格，作为计算公允价值的依据。

当不存在相关活跃市场或者缺乏相关市场信息时，资产评估专业人员可以根据企业以市场参与者的身份，对单项资产或者资产组的运营作出合理性决策，并适当地考虑相关资产或者资产组内资产有效配置、改良或重置前提下提交的预测资料，参照企业价值评估的基本思路及方法，分析及计算单项资产或者资产组的公允价值。

计算公允价值减去处置费用的净额时，应当根据会计准则的具体要求合理估算相关处置费用。

第二十条　净重置成本是指现在购买相同或相似资产所需支付现金或现金等价物的预计金额减去体现相关贬值因素的预计金额，贬值因素主要包括实体性贬值、功能性贬值以及经济性贬值。

第五章　评估方法

第二十一条　执行以财务报告为目的的评估业务，应当根据评估对象、价值类型、资料收集情况和数据来源等相关条件，参照会计准则关于评估对象和计量方法的有关规定，选择评估方法。

第二十二条　资产评估专业人员应当参照会计准则的规定，关注所采用的评估数据，并知晓公允价值获取层级受评估方法选择及评估数据来源的影响。

第二十三条　选择评估方法时应当与前期采用的评估方法保持一致。

如果前期采用评估方法所依据的市场数据因发生重大变化而不再适用，或者通过采用与前期不同的评估方法使得评估结论更具代表性、更能反映评估对象的公允价值或者特定价值，可以变更评估方法。

第二十四条　采用市场法进行以财务报告为目的的评估，应当关注相关市场的活跃程度，从相关市场获得足够的交易案例或者其他比较对象，尽可能选择最接近、比较因素调整较少的交易案例或者其他比较对象作为参照物。

第二十五条　采用市场法进行以财务报告为目的的评估，应当对参照物的比较因素进行比较并做出恰当调整，还应重点关注作为参照物的交易案例的交易背景、交易地点、交易市场、交易时间、交易条件、付款方式等因素。

第二十六条　采用收益法进行以财务报告为目的的评估，可以根据评估对象的特点及应用条件，采用现金流量折现法、增量收益折现法、节省许可费折现法、多期超额收益折现法等具体评估方法。

第二十七条　采用收益法进行以财务报告为目的的评估，应当结合相关会计准则的要求，按照资产评估准则对收益法应用的有关规定，恰当考虑收益法的适用性，合理选择收益口径。

第二十八条　采用收益法进行以财务报告为目的的评估，应当从委托人或者其他相关当事人获取评估对象的经营状况及相关收益预测资料，按照会计与评估相关准则的规定，与委托人及其他相关当事人讨论未来各种可能性，结合被评估单位的人力资源、技术水平、资本结构、经营状况、历史业绩、发展趋势，考虑宏观经济因素、所在行业现状与发展前景，分析未来收益预测资料与评估目的及评估假设的适用性。

第二十九条　资产评估专业人员应当按照资产评估准则的规定，确信折现率与预期收益口径保持一致。

第三十条　采用成本法进行以财务报告为目的的评估，应当按照资产评估准则的规定，考虑评估对象的实体性贬值、功能性贬值及经济性贬值。

第三十一条　对于不存在相同或者相似资产活跃市场的，或者不能可靠地以收益法进行评估的资产，可以采用成本法进行评估。但资产评估专业人员应当获取企业的承诺，并在资产评估报告中披露，其评估结论仅在相关资产的价值可以通过资产未来运营得以全额回收的前提下成立。

第三十二条　对同一评估对象采用多种评估方法时，应当对形成的各种测算结果进行分析，在综合考虑不同评估方法测算结果的合理性及所使用数据质量及数量的基础上，形成评估结论。

第三十三条　资产评估专业人员应当知晓相关经济合同所记载的与资产或者负债价值相关的金额不一定等同于该项资产或者负债于某一时间点的公允价值。

第三十四条　资产评估专业人员应当知晓相关税收法律、行政法规对评估对象价值估算的影响，并在相关评估过程中予以恰当的考虑和处理。

第六章 披露要求

第三十五条 资产评估报告应当包含必要信息，使资产评估报告使用人能够正确理解评估结论，其中应当重点披露以下内容：

（一）评估对象的具体描述；

（二）价值类型的定义及其与会计准则或者相关会计核算、披露要求的对应关系；

（三）评估方法的选择过程和依据；

（四）评估方法的具体运用，结合相关计算过程、评估参数等加以说明；

（五）关键性假设及前提；

（六）关键性评估参数的测算、逻辑推理、形成过程和相关评估数据的获取来源；

（七）对企业提供的财务等评估中使用的资料所做的重大或者实质性调整。

第三十六条 执行以财务报告为目的的评估业务，应当在资产评估报告中披露评估结论所受到的限制，并提醒委托人关注其对财务报告的影响。

第三十七条 资产评估报告应当披露本次与前次评估相同或者类似资产或者负债时采用的评估方法是否一致；当出现不一致时，应当描述相应的变动并说明变动的原因。

第七章 附 则

第三十八条 本指南自 2017 年 10 月 1 日起施行。中国资产评估协会于 2007 年 11 月 9 日发布的《关于印发〈以财务报告为目的的评估指南（试行）〉的通知》（中评协〔2007〕169 号）同时废止。

资产评估机构业务质量控制指南

2017年9月8日　中评协〔2017〕46号

第一章　总　　则

第一条　为规范资产评估机构的业务质量控制行为，明确资产评估机构及其人员的质量控制责任，保护资产评估当事人合法权益和公共利益，根据《资产评估基本准则》制定本指南。

第二条　资产评估机构应当结合自身规模、业务特征、业务领域等因素，建立质量控制体系，保证评估业务质量，防范执业风险。

第三条　质量控制体系包括资产评估机构为实现质量控制目标而制定的质量控制政策，以及为政策执行和监控而设计的必要程序。

第四条　质量控制体系包含的控制政策和程序通常包括：

（一）质量控制责任；

（二）职业道德；

（三）人力资源；

（四）资产评估业务受理；

（五）资产评估业务计划；

（六）资产评估业务实施和资产评估报告出具；

（七）监控和改进；

（八）文件和记录。

第五条　资产评估机构制定的质量控制政策和程序，应当形成书面文件。政策和程序的执行情况应当有适当的记录。

第六条　资产评估机构对资产评估业务进行质量控制，应当遵守本指南。

第二章　质量控制责任

第七条　资产评估机构应当合理界定和细分质量控制体系中控制主体承担的质量控制责任，并建立责任落实和追究机制。控制主体通常包括：

（一）最高管理层；

（二）首席评估师；

（三）项目负责人；

（四）项目审核人员；

（五）项目团队成员；

（六）资产评估机构其他人员。

第八条　最高管理层是指公司制资产评估机构的董事会（执行董事）或者合伙制资产评估机构的合伙人管理委员会（执行合伙事务的合伙人）。

最高管理层对业务质量控制承担最终责任。

第九条　最高管理层应当在股东会（或者合伙人会议）授权的或者章程（或者合伙人协议）规定的范围内行使职权，并承担以下职责：

（一）树立质量管理意识，让全体人员充分认识到业务质量控制的重要性，全员参与，以达到质量控制目标；

（二）制定资产评估机构的服务宗旨，使全体人员理解服务宗旨的内涵，并评审其持续适宜性；

（三）在相关职能部门层次上建立质量目标，质量目标应当具体、可测量和可实现，并与服务宗旨保持一致；

（四）策划组织架构和质量控制体系，并对其进行定期评审，使其处于适宜、充分和有效的状态；

（五）合理授权分支机构的业务权限，对分支机构的业务开展实施控制。

第十条　资产评估机构应当建立首席评估师制度。

首席评估师应当为资产评估机构的股东（或者合伙人），并且应当具备履行职责所需要的经验和能力，由最高管理层指定并授予其管理权限，直接对最高管理层负责。

除本指南外，首席评估师的产生和任职条件有其他相关规定的，还要符合相关规定要求。

第十一条　首席评估师承担以下职责：

（一）建立、实施和保持质量控制体系；

（二）监控质量控制体系的运行情况，向最高管理层报告并提出改进的建议和方案；

（三）促进全体人员不断提高业务质量意识。

除本指南外，首席评估师的职责权限有其他相关规定的，还要符合相关规定要求。

第十二条　资产评估机构应当制定评估业务项目负责人制度。项目负责人应当是具备履行职责所要求职业道德、专业知识、执业能力、实践经验的资产评估专业人员，其中法定评估业务的项目负责人应当为资产评估师。

资产评估机构应当根据业务特征对每项资产评估业务委派项目负责人。

第十三条　项目负责人承担以下职责：

（一）评估计划的制订和组织实施；

（二）评估业务实施中的协调和沟通；

（三）按照程序报告与评估业务相关的重要信息；

（四）组织复核项目团队人员的工作；

（五）合理利用专家工作及工作成果；

（六）组织编制资产评估报告，并审核相关内容；

（七）在出具的资产评估报告上签名；

（八）组织处理资产评估报告提交后的反馈意见；

（九）组织整理归集资产评估档案。

第十四条　项目审核人员应当符合下列要求：

（一）具备履行职责的技术专长；

（二）具备审核业务所需要的经验和权限；

（三）保证审核工作的客观性。

第十五条　项目审核人员承担以下职责：

（一）审核评估程序执行情况；

（二）审核拟出具的资产评估报告；

（三）审核工作底稿；

（四）综合评价项目风险，提出出具资产评估报告的明确意见。

第十六条　项目团队成员通常包括承担或者参与资产评估业务项目工作的资产评估专业人员、业务助理人员等。项目团队成员承担以下职责：

（一）接受项目负责人的领导，了解拟执行工作的目标，理解项目负责人的工作指令；

（二）按照资产评估机构质量控制政策和程序的要求从事具体评估业务工作，形成工作底稿；

（三）汇报执行业务过程中发现的重大问题；

（四）复核已经完成的工作底稿并接受审核。

第十七条　资产评估机构应当明确处于质量控制体系中其他人员的职责，该类人员通常包括：

（一）业务洽谈人员；

（二）业务部门负责人；

（三）分支机构负责人；

（四）人力资源管理人员；

（五）信息管理人员；

（六）档案管理人员；

（七）文秘人员。

第三章　职业道德

第十八条　资产评估机构应当制定政策和程序，以利于全体人员遵守资产评估职业道德准则。

第十九条　资产评估机构制定的政策和程序，应当强调遵守资产评估职业道德准则的重要性。资产评估机构可以采用管理层的示范、教育和培训、监控以及对违反资产评估职业道德准则行为的处理等方式予以强化。

第二十条　资产评估机构应当按照资产评估职业道德准则的要求，坚持独立、客观、公正的原则。资产评估机构可以针对具体评估业务特点采用适当的处理方式保持独立性，如：

（一）对影响独立性和客观性的利益关系等因素进行分析和判断，最大限度地减少或者消除不利因素，直至放弃评估业务，以使对独立性和客观性的不利影响降至可接受水平；

（二）要求内部相关人员就有关独立性的信息进行沟通，以确定是否存在违反独立性的情形；

（三）排除影响资产评估专业人员做出独立专业判断的外部因素干扰。

第二十一条　资产评估机构制定的保密政策，应当要求资产评估专业人员及其他人员对国家秘密、委托人和其他相关当事人的商业秘密、所在资产评估机构的商业秘密负有保密义务。除下列人员和机构依法从资产评估机构获取和保留国家秘密及商业秘密外，不得向他人泄露在评估活动中获得的不应当公开的信息以及资产评估结论：

（一）委托人或者由委托人书面许可的人；

（二）法律、行政法规允许的第三方；

（三）具有管辖权的监管机构、行业协会。

资产评估专业人员及其他人员在为委托人和其他相关当事人服务结束或者离开所在资产评估机构后，应当按照有关规定或者合同约定承担保密义务。

第四章　人力资源

第二十二条　资产评估机构应当配置必需的人力资源，并根据业务的变化，对人力资源进行调整和更新。

第二十三条　资产评估机构在制定人力资源政策和程序时，通常可以考虑以下内容：

（一）人力资源规划；

（二）岗位职责和任职要求；

（三）招聘与选拔；

（四）教育与培训；

（五）绩效考评；

（六）薪酬制度。

第二十四条　资产评估机构在制定项目团队成员配备政策和程序时，可以重点考察项目团队成员是否具备下列条件：

（一）必要的职业道德素质，能够保持独立性；

（二）必要的专业知识和实践经验；

（三）遵守资产评估机构业务质量控制政策和程序的意识。

第二十五条　资产评估机构聘请专家和外部人员协助工作的，应当制定利用专家和外部人员工作的政策和程序，使其承担的工作符合项目质量要求。

第五章 资产评估业务受理

第二十六条 资产评估机构应当制定资产评估业务受理环节的控制政策和程序，确保在与委托人正式签订资产评估委托合同之前，对拟委托事项进行必要了解，以决定是否接受委托。

第二十七条 资产评估机构应当谨慎地选择客户和业务，在制定业务受理环节政策和程序时，通常考虑以下方面：

（一）业务洽谈；

（二）资产评估委托合同的审核和签订；

（三）发生资产评估委托合同变更、中止、终止情形时的处置。

第二十八条 资产评估机构应当规定业务洽谈人员所具备的条件。业务洽谈人员在洽谈业务时，可以重点关注下列事项：

（一）资产评估业务基本事项；

（二）法律、行政法规、资产评估准则规定；

（三）拟委托内容；

（四）被评估单位的情况。

第二十九条 在订立资产评估委托合同之前，资产评估机构应当通过考虑与资产评估业务有关的要求、风险、胜任能力等因素，正确理解拟委托内容，初步识别和评价风险，以确定是否受理评估业务。

第三十条 资产评估机构应当根据业务风险对资产评估业务进行分类，分类时可以考虑下列因素：

（一）来自委托人和其他相关当事人的风险；

（二）来自评估对象的风险；

（三）来自资产评估机构及其人员的风险；

（四）资产评估报告使用不当的风险。

第三十一条 当发生资产评估委托合同变更、中止、终止情形时，资产评估机构应当采取措施进行处置，并保持记录。采取的措施通常包括：

（一）对变更、中止、终止的情形进行重新审核；

（二）就拟采取的行动及原因与委托人沟通；

（三）将信息传达到相关人员。

第六章 资产评估业务计划

第三十二条 资产评估机构可以通过制订资产评估业务计划的控制政策和程序等达成以下目的：

（一）项目团队成员了解工作内容、工作目标、重点关注领域；

（二）项目负责人有效组织和管理资产评估业务；

（三）管理层人员有效监控资产评估业务；

（四）使委托人和其他相关当事人了解资产评估计划的内容，配合项目团队工作。

第三十三条 资产评估机构制订资产评估业务计划控制政策和程序，通常可以按照计划编制的流程分别考虑：

（一）计划编制前对资产评估业务基本事项进一步明确；

（二）资产评估计划编制和批准的参与者；

（三）资产评估计划的内容和繁简程度；

（四）资产评估计划的编制、审核、批准流程。

第三十四条 资产评估机构制订的资产评估业务计划环节的控制政策和程序，应当要求资产评估项目负责人在编制资产评估计划时开展以下工作：

（一）为编制资产评估计划、开展后续工作而组织资源；

（二）确定是否对委托人和其他相关当事人进行必要的业务指导；

（三）确定是否对项目团队成员进行适当的培训；

（四）确定是否开展初步评估活动。

第七章 资产评估业务实施和资产评估报告出具

第三十五条 资产评估机构应当制定资产评估业务实施和资产评估报告出具环节的控制政策和程序，以保证法律、行政法规和资产评估准则得以遵守，满足出具资产评估报告的要求。

第三十六条 资产评估机构应当针对以下事项制定资产评估业务实施和资产评估报告出具环节的控制政策和程序：

（一）项目团队组建及工作委派；

（二）现场调查、评估资料收集和评定估算；

（三）资产评估报告编制；

（四）利用专家工作及相关报告；

（五）疑难问题或者争议事项的解决；

（六）项目负责人的指导与监督；

（七）内部审核；

（八）资产评估报告签发及提交。

第三十七条 资产评估机构在制定不同特征资产（企业）的现场调查、收集评估资料、评定估算以及编制资产评估报告的控制政策和程序时，通常考虑以下要素：

（一）现场调查方案的可行性；

（二）评估资料的真实性、完整性和合法性；

（三）评估方法的恰当性、评估参数的合理性；

（四）资产评估报告的合规性。

第三十八条 资产评估机构制定的解决疑难问题或者争议事项的控制政策和程序，通常包括：

（一）疑难问题的内部报告及处理；

（二）处理项目执行过程中的意见分歧。

只有对分歧意见形成结论，资产评估机构才能出具资产评估报告。

第三十九条 资产评估机构制定的项目负责人对项目团队成员的工作进行指导、监督的控制政策和程序通常包括：

（一）项目团队的组建和管理；

（二）业务时间进度；

（三）业务沟通；

（四）业务风险。

第四十条 资产评估机构应当设置专门部门或者专门岗位实施资产评估业务的内部审核，内部审核政策和程序的目标是未经审核合格的事项不进入下一程序。内部审核的政策和程序，通常包括：

（一）内部审核流程；

（二）项目审核人员的专业能力要求；

（三）审核的时间、范围和方法。

第四十一条 资产评估机构应当制定资产评估报告签发政策和程序。

资产评估报告签发政策和程序应当规定，一旦发现已经提交的资产评估报告存在瑕疵、错误等问题时，资产评估机构为挽回不良影响，根据问题的严重程度或者潜在影响程度应当采取的相应措施。

第八章 监控和改进

第四十二条 资产评估机构应当制定政策和程序，对质量控制体系运行情况进行监控。监控应当关注以下内容：

（一）质量控制体系是否符合本指南要求，是否符合资产评估机构实际情况；

（二）质量控制体系是否达到了质量目标；

（三）质量控制体系是否得到有效的实施和保持。

第四十三条 资产评估机构应当根据本机构的管理特点对质量控制体系运行情况实施监控。监控措施通常包括：

（一）收集、管理和利用不同渠道来源的相关信息，为评价和改进质量控制体系提供依据；

（二）对质量控制体系运行的过程进行监控；

（三）对质量控制体系的运行情况进行定期检查和评价。

第四十四条 对监控中发现的问题和隐患，质量控制体系中的相关控制主体应当采取适当的纠正和预防措施，并对所采取措施的有效性和效率进行评价。

第四十五条 资产评估机构应当根据监控和其他方面的信息对质量控制体系的适当性和有效性进行评价，并提出改进意见。

第九章　文件和记录

第四十六条　资产评估机构应当制定文件控制政策和程序，确保质量控制体系各过程中使用的文件均为有效版本，防止误用失效或者废止的文件和资料。

第四十七条　资产评估机构应当制定政策和程序，保持业务质量控制的相关记录并及时归档。

记录控制的政策和程序，应当规定记录的标识、储存、保护、检索、保存期限和超期后处置所需的控制要求。

第四十八条　资产评估业务质量控制记录主要包括：

（一）评估业务工作底稿；

（二）监控和改进记录；

（三）质量控制体系评审记录。

第四十九条　资产评估业务质量控制记录，应当根据重要性和必要性设计其内容，以符合法律、行政法规和资产评估准则的要求。

第十章　附　　则

第五十条　具有证券评估业务资格的资产评估机构应当遵守本指南，其他资产评估机构可以参照本指南。

第五十一条　本指南自 2017 年 10 月 1 日起施行。中国资产评估协会于 2010 年 12 月 18 日发布的《关于印发〈评估机构业务质量控制指南〉的通知》（中评协〔2010〕214 号）同时废止。

资产评估价值类型指导意见

2017 年 9 月 8 日　中评协〔2017〕47 号

第一章　总　　则

第一条　为规范资产评估专业人员选择、使用和定义价值类型行为，保护资产评估当事人合法权益和公共利益，根据《资产评估基本准则》制定本指导意见。

第二条　执行资产评估业务，应当遵守本指导意见。

第二章　价值类型及其定义

第三条　本指导意见所称资产评估价值类型包括市场价值和市场价值以外的价值类型。

第四条　市场价值是指自愿买方和自愿卖方在各自理性行事且未受任何强迫的情况下，评估对象在评估基准日进行正常公平交易的价值估计数额。

第五条　市场价值以外的价值类型包括投资价值、在用价值、清算价值、残余价值等。

第六条　投资价值是指评估对象对于具有明确投资目标的特定投资者或者某一类投资者所具有的价值估计数额，亦称特定投资者价值。

第七条　在用价值是指将评估对象作为企业、资产组组成部分或者要素资产按其正在使用方式和程度及其对所属企业、资产组的贡献的价值估计数额。

第八条　清算价值是指评估对象处于被迫出售、快速变现等非正常市场条件下的价值估计数额。

第九条　残余价值是指机器设备、房屋建筑物或者其他有形资产等的拆零变现价值估计数额。

第十条　某些特定评估业务评估结论的价值类型可能会受到法律、行政法规或者合同的约束，这些评估业务的评估结论应当按照法律、行政法规或者合同的规定选择评估结论的价值类型；法律、行政法规或者合同没有规定的，可以根据实际情况选择市场价值或者市场价值以外的价值类型，并予以定义。

特定评估业务包括以抵（质）押为目的的评估业务、以税收为目的的评估业务、以保险为目的的评估业务、以财务报告为目的的评估业务等。

第十一条　执行资产评估业务，应当合理考虑本指导意见与其他相关准则的协调。采用本指导意见规定之外的价值类型时，应当在资产评估报告中披露。

第三章　价值类型的选择和使用

第十二条　法律、行政法规或者合同对价值类型有规定的，应当按其规定选择价值类型；没有规定的，可以根据实际情况选择市场价值或者市场价值以外的价值类型。

第十三条　执行资产评估业务，选择和使用价值类型，应当充分考虑评估目的、市场条件、评估对象自身条件等因素。

第十四条　资产评估专业人员选择价值类型，应当考虑价值类型与评估假设的相关性。

第十五条　评估方法是估计和判断市场价值和市场价值以外的价值类型评估结论的技术手段，某一种价值类型下的评估结论可以通过一种或者多种评估方法得出。

第十六条　执行资产评估业务，当评估目的、评估对象等资产评估基本要素满足市场价值定义的要求时，一般选择市场价值作为评估结论的价值类型。

资产评估专业人员选择市场价值作为价值类型，应当知晓同一资产在不同市场的价值可能存在差异。

第十七条　执行资产评估业务，当评估业务针对的是特定投资者或者某一类投资者，并在评估业务执行过程中充分考虑并使用了仅适用于特定投资者或者某一类投资者的特定评估资料和经济技术参数时，通常选择投资价值作为评估结论的价值类型。

第十八条　执行资产评估业务，评估对象是企业或者整体资产中的要素资产，并在评估业务执行过程中只考虑了该要素资产正在使用的方式和贡献程度，没有考虑该资产作为独立资产所具有的效用及在公开市场上交易等对评估结论的影响，通常选择在用价值作为评估结论的价值类型。

第十九条　执行资产评估业务，当评估对象面临被迫出售、快速变现或者评估对象具有潜在被迫出售、快速变现等情况时，通常选择清算价值作为评估结论的价值类型。

第二十条　执行资产评估业务，当评估对象无法使用或者不宜整体使用时，通常考虑评估对象的拆零变现，并选择残余价值作为评估结论的价值类型。

第二十一条　执行以抵（质）押为目的的资产评估业务，应当根据《中华人民共和国担保法》等相关法律、行政法规及金融监管机关的规定选择评估结论的价值类型；相关法律、行政法规及金融监管机关没有规定的，可以根据实际情况选择市场价值或者市场价值以外的价值类型作为抵（质）押物评估结论的价值类型。

第二十二条　执行以税收为目的的资产评估业务，应当根据税法等相关法律、行政法规规定选择评估结论的价值类型；相关法律、行政法规没有规定的，可以根据实际情况选择市场价值或者市场价值以外的价值类型作为课税对象评估结论的价值类型。

第二十三条　执行以保险为目的的资产评估业务，应当根据《中华人民共和国保险法》等相关法律、行政法规或者合同规定选择评估结论的价值类型；相关法律、行政法规或者合同没有规定的，可以根据实际情况选择市场价值或者市场价值以外的价值类型作为保险标的物评估结论的价值类型。

第二十四条　执行以财务报告为目的的资产评估业务，应当根据会计准则或者相关会计核算与披露的具体要求、评估对象等相关条件明确价值类型，会计准则规定的计量属性可以理解为相对应的资产评估价值类型。

第二十五条　执行资产评估业务，应当根据《资产评估执业准则——资产评估报告》对价值类型及其定义进行披露。

第四章　附　　则

第二十六条　本指导意见自2017年10月1日起施行。中国资产评估协会于2007年11月28日发布的《关于印发〈资产评估准则——评估报告〉等7项资产评估准则的通知》(中评协〔2007〕189号)中的《资产评估价值类型指导意见》同时废止。

资产评估对象法律权属指导意见

2017 年 9 月 8 日　中评协〔2017〕48 号

第一条　为规范资产评估机构及其资产评估专业人员执业行为，保护资产评估当事人合法权益和公共利益，根据《资产评估基本准则》制定本指导意见。

第二条　本指导意见所称资产评估对象法律权属，是指资产评估对象的所有权和与所有权有关的其他财产权利。

第三条　委托人和其他相关当事人委托资产评估业务，应当依法提供资产评估对象法律权属等资料，并保证其真实性、完整性、合法性。

第四条　资产评估对象法律权属对理解资产评估结论有重大影响，执行资产评估业务应当予以关注并恰当披露。

第五条　执行资产评估业务，应当明确告知委托人和其他相关当事人，执行资产评估业务的目的是对资产评估对象价值进行估算并发表专业意见，对资产评估对象法律权属确认或者发表意见超出资产评估专业人员的执业范围。资产评估专业人员不得对资产评估对象的法律权属提供保证。

第六条　对于法律权属不清、存在瑕疵，权属关系复杂、权属资料不完备的资产评估对象，资产评估专业人员应当对其法律权属予以特别关注，要求委托人和其他相关当事人提供承诺函或者说明函予以充分说明。资产评估机构应当根据前述法律权属状况可能对资产评估结论和资产评估目的所对应经济行为造成的影响，考虑是否受理资产评估业务。

第七条　资产评估专业人员发现委托人和其他相关当事人提供虚假的法律权属资料，或者委托人和其他相关当事人拒绝或者无法提供执行资产评估业务必要的权属证明，资产评估机构有权依法拒绝其履行合同的要求。

第八条　执行资产评估业务，应当对委托人和其他相关当事人提供的资产评估对象法律权属资料进行核查验证，并对核查验证情况予以披露。

对资产评估对象法律权属资料核查验证的方式通常包括核对原件与复印件的一致性、通过公开的信息渠道进行查询、到相关产权登记部门现场查询等。

资产评估对象是股权的，应当按照重要性原则，对相关资产的法律权属资料进行核查验证。

超出资产评估专业人员能力的核查验证事项，资产评估专业人员可以委托或者要求委托人委托律师事务所等相关机构出具专业意见。无法核查验证的事项，可以根据其对评估结论的影响程度采取在资产评估报告中披露等措施，直至终止执行资产评估业务。

第九条　资产评估专业人员应当在资产评估报告中描述资产评估对象法律权属，对评估对象法律权属存在的瑕疵予以披露。

资产评估专业人员以设定产权为前提进行资产评估，应当对资产评估对象法律权属和设定产权前提予以充分披露。

第十条　委托人和其他相关当事人提供的资产评估对象法律权属资料、核查验证情况以及其他相关说明材料，应当在资产评估报告和工作底稿中反映。

第十一条　本指导意见自 2017 年 10 月 1 日起施行。中国注册会计师协会于 2003 年 1 月 28 日发布的《关于印发〈注册资产评估师关注评估对象法律权属指导意见〉的通知》（会协〔2003〕18 号）同时废止。

专利资产评估指导意见

2017 年 9 月 8 日　中评协〔2017〕49 号

第一章　总　　则

第一条　为规范专利资产评估行为，保护资产评估当事人的合法权益和公共利益，根据《资产评估执业准则——无形资产》制定本指导意见。

第二条　本指导意见所称专利资产，是指专利权人拥有或者控制的，能持续发挥作用并且能带来经济利益的专利权益。

第三条　本指导意见所称专利资产评估，是指资产评估机构及其资产评估专业人员遵守法律、行政法规和资产评估准则，根据委托对评估基准日特定目的下的专利资产价值进行评定和估算，并出具资产评估报告的专业服务行为。

第四条　执行专利资产评估业务，应当遵守本指导意见。

第二章　基本遵循

第五条　资产评估机构及其资产评估专业人员开展专利权资产评估业务，应当遵守法律、行政法规的规定，坚持独立、客观、公正的原则，诚实守信，勤勉尽责，谨慎从业，遵守职业道德规范，自觉维护职业形象，不得从事损害职业形象的活动。

第六条　资产评估机构及其资产评估专业人员开展专利资产评估业务，应当独立进行分析和估算并形成专业意见，拒绝委托人或者其他相关当事人的干预，不得直接以预先设定的价值作为评估结论。

第七条　执行专利资产评估业务，应当具备专利资产评估的专业知识和实践经验，能够胜任所执行的专利资产评估业务。

执行某项特定业务缺乏特定的专业知识和经验时，应当采取弥补措施，包括利用专家工作及相关报告等。

第八条　执行企业价值评估中的专利资产评估业务，应当了解在对持续经营前提下的企业价值进行评估时，专利资产作为企业资产的组成部分的价值可能有别于作为单项资产的价值，其价值取决于它对企业价值的贡献程度。

第九条　执行专利资产评估业务，应当在考虑评估目的、市场条件、评估对象自身条件等因素的基础上，选择价值类型。

以质押为目的可以选择市场价值或者市场价值以外的价值类型，以交易为目的通常选择市场价值或者投资价值，以财务报告为目的通常根据会计准则相关要求选择相应的价值类型。

第十条　执行专利资产评估业务，应当确定评估假设和限制条件。

第三章　资产评估对象

第十一条　专利资产评估业务的评估对象是指专利资产权益，包括专利所有权和专利使用权。专利使用权是指专利实施许可权，具体包括专利权独占许可、独家许可、普通许可和其他许可形式。

执行专利资产评估业务，应当明确专利资产的权利属性。评估对象为专利所有权的，应当关注专利权是否已经许可他人使用及使用权的具体形式，并关注其对专利所有权价值的影响。评估对象为专利使用权的，应当明确专利使用权的许可形式、许可内容及许可期限。

第十二条　执行专利资产评估业务，应当要求委托人明确专利资产的基本状况。专利资产的基本状况通常包括：

（一）专利名称；

（二）专利类别；

（三）专利申请的国别或者地区；

（四）专利申请号或者专利号；

（五）专利的法律状态；

（六）专利申请日；

（七）专利授权日；

（八）专利权利要求书所记载的主权利要求；

（九）专利使用权利。

第十三条　执行专利资产评估业务，应当关注专利的法律状态。专利的法律状态通常包括专利申请人或者专利权人及其变更情况，专利所处的专利审批阶段、年费缴纳情况、专利权的终止、专利权的恢复、专利权的质押，以及是否涉及法律诉讼或者处于复审、宣告无效状态。

第十四条　执行专利资产评估业务，应当关注专利资产的技术状况、实施状况及获利状况。

第十五条　执行专利资产评估业务，应当在要求委托人根据评估对象的具体情况和评估目的对专利资产进行合理的分离或者合并的基础上，恰当进行单项专利资产或者专利资产组合的评估。

第十六条　执行质押、诉讼目的的专利资产评估业务，应当要求委托人提交由国家知识产权局出具的专利登记簿副本。评估对象为实用新型、外观设计专利的，应当要求委托人提供专利检索报告，当实用新型、外观设计专利数量较多时，应当选取部分专利由委托人提供检索报告。

第四章　操作要求

第十七条　执行专利资产评估业务，应当对专利及其实施情况进行调查，包括必要的现场调查、市场调查，并收集相关信息、资料等。

调查过程收集的相关信息、资料包括：

（一）专利资产的权利人及实施企业基本情况；

（二）专利证书、最近一期的专利缴费凭证；

（三）专利权利要求书、专利说明书及其附图；

（四）专利技术的研发过程、技术实验报告，专利资产所属技术领域的发展状况、技术水平、技术成熟度、同类技术竞争状况、技术更新速度等有关信息、资料；如果技术效果需要检测，还应当收集相关产品检测报告；

（五）与分析专利产品的适用范围、市场需求、市场前景及市场寿命、相关行业政策发展状况、宏观经济、同类产品的竞争状况、专利产品的获利能力等相关的信息、资料；

（六）以往的评估和交易情况，包括专利权转让合同、实施许可合同及其他交易情况。

第十八条　执行专利资产评估业务，应当尽可能获取与专利资产相关的财务数据及专利实施企业经审计的财务报表，对专利资产的相关财务数据进行分析。

第十九条　执行专利资产评估业务，应当分析下列事项及其对专利资产价值的影响：

（一）专利权利要求书、专利说明书及其附图的内容；

（二）专利权利要求书所记载的专利技术产品与其实施企业所生产产品的对应性。

第二十条　执行专利资产评估业务，应当对影响专利资产价值的法律因素进行分析，通常包括专利资产的权利属性及权利限制、专利类别、专利的法律状态、专利剩余法定保护期限、专利的保护范围等。资产评估专业人员应当关注专利所有权与使用权的差异、专利使用权的具体形式、以往许可和转让的情况对专利资产价值的影响。

资产评估专业人员应当关注发明、实用新型、外观设计的审批条件、审批程序、保护范围、保护期限、审批阶段的差异对专利资产价值的影响。

资产评估专业人员应当关注专利所处审批阶段，专利是否涉及法律诉讼或者处于复审、宣告无效状态，以及专利有效性维持情况对专利资产价值的影响。

第二十一条　执行专利资产评估业务，应当对影响专利资产价值的技术因素进行分析，通常包括替代性、先进性、创新性、成熟度、实用性、防御性、垄断性等。

第二十二条　对影响专利资产价值的经济因素进行分析时，通常包括专利资产的取得成本、获利状况、许可费、类似资产的交易价格、市场应用情况、市场规模情况、市场占有率、竞争情况等。

第二十三条　当专利资产与其他资产共同发挥作用时，资产评估专业人员应当分析专利资产的作用，确定该专利资产的价值。

第二十四条　执行专利资产评估业务，应当关注经营条件等对专利资产作用和价值的影响。

第二十五条　执行专利资产法律诉讼评估业务，应当关注相关案情基本情况、经过质证的资料以及专利权的历史诉讼情况。

第二十六条　确定专利资产价值的评估方法包括市场法、收益法和成本法三种基本方法及其衍生方法。

执行专利资产评估业务，应当根据评估目的、评估对象、价值类型、资料收集等情况，分析上述三种基本方法的适用性，选择评估方法。

第二十七条　运用收益法进行专利资产评估时，应当收集专利产品的相关收入、成本、费用等数据。

资产评估专业人员应当对委托人或者其他相关当事人提供的专利未来实施情况和收益状况的预测进行分析、判断和调整，确信相关预测的合理性。

资产评估专业人员应当根据专利资产的具体情况选择收益口径。

第二十八条　采用收益法进行专利资产评估时，应当确定预期收益。

专利资产的预期收益应当是专利的使用而额外带来的收益，可以通过增量收益、节省许可费、收益分成或者超额收益等方式估算。确定预期收益时，应当区分并剔除与委托评估的专利资产无关的业务产生的收益，并关注专利产品或者服务所属行业的市场规模、市场地位及相关企业的经营情况。

第二十九条　采用收益法进行专利资产评估时应当合理确定专利资产收益期限。收益期限可以通过分析专利资产的技术寿命、技术成熟度、专利法定寿命及与专利资产相关的合同约定期限等确定。

第三十条　采用收益法进行专利资产评估时应当合理确定折现率。折现率可以通过分析评估基准日的利率、投资回报率，以及专利实施过程中的技术、经营、市场、资金等因素确定。专利资产折现率可以采用无风险报酬率加风险报酬率的方式确定。专利资产折现率应当与预期收益的口径保持一致。

第三十一条　采用市场法进行专利资产评估时，应当收集足够的可比交易案例，并对专利资产与可比交易案例之间的各种差异因素进行分析、比较和调整。

第三十二条　采用成本法进行专利资产评估时，应当合理确定专利资产的重置成本。重置成本包括合理的成本、利润和相关税费等。

确定专利资产重置成本时，应当确定形成专利资产所需的直接成本、间接费用、合理的利润及相关的税费等。

第三十三条　采用成本法进行专利资产评估时，应当合理确定贬值。

第五章　披露要求

第三十四条　编制专利资产评估报告应当反映专利资产的特点，通常包括下列内容：

（一）评估对象的详细情况，通常包括专利资产的权利属性、使用权具体形式、法律状态、专利申请号及专利权利要求等；

（二）专利资产的技术状况和实施状况；

（三）对影响专利资产价值的法律因素、技术因素、经济因素的分析过程；

（四）专利的实施经营条件；

（五）使用的评估假设和限制条件；

（六）专利权许可、转让、诉讼、无效请求及质押情况；

（七）有关评估方法的主要内容，包括评估方法的选取及其理由，评估方法中的运算和逻辑推理方式，各重要参数的来源、分析、比较与测算过程，对测算结果进行分析并形成评估结论的过程；

（八）其他必要信息。

第六章　附　　则

第三十五条　本指导意见自 2017 年 10 月 1 日起施行。中国资产评估协会于 2008 年 11 月 28 日发布的《关于印发〈资产评估准则——无形资产〉和〈专利资产评估指导意见〉的通知》（中评协〔2008〕217 号）中的《专利资产评估指导意见》同时废止。

著作权资产评估指导意见

2017 年 9 月 8 日　中评协〔2017〕50 号

第一章　总　　则

第一条　为规范著作权资产评估行为，保护资产评估当事人合法权益和公共利益，根据《资产评估执业准则——无形资产》制定本指导意见。

第二条　本指导意见所称著作权资产，是指著作权权利人拥有或者控制的，能够持续发挥作用并且能带来经济利益的著作权的财产权益和与著作权有关权利的财产权益。

第三条　本指导意见所称著作权资产评估，是指资产评估机构及其资产评估专业人员遵守法律、行政法规和资产评估准则，根据委托对评估基准日特定目的下的著作权资产价值进行评定和估算，并出具资产评估报告的专业服务行为。

第四条　执行著作权资产评估业务，应当遵守本指导意见。

第二章　基本遵循

第五条　资产评估机构及其资产评估专业人员开展著作权资产评估业务，应当遵守法律、行政法规的规定，坚持独立、客观、公正的原则，诚实守信，勤勉尽责，谨慎从业，遵守职业道德规范，自觉维护职业形象，不得从事损害职业形象的活动。

第六条　资产评估机构及其资产评估专业人员开展著作权资产评估业务，应当独立进行分析和估算并形成专业意见，拒绝委托人或者其他相关当事人的干预，不得直接以预先设定的价值作为评估结论。

第七条　执行著作权资产评估业务，应当具备著作权资产评估的专业知识和实践经验，能够胜任所执行的著作权资产评估业务。

执行某项特定业务缺乏特定的专业知识和经验时，应当采取弥补措施，包括利用专家工作及相关报告等。

第八条　执行企业价值评估中的著作权资产评估业务，应当了解在对持续经营前提下的企业价值进行评估时，著作权资产作为企业资产的组成部分的价值可能有别于作为单项资产的价值，其价值取决于它对企业价值的贡献程度。

第九条　执行著作权资产评估业务，应当在考虑评估目的等因素的基础上，恰当选择价值类型。

以质押为目的可以选择市场价值或者市场价值以外的价值类型，以交易为目的通常选择市场价值或者投资价值，以财务报告为目的通常根据会计准则相关要求选择相应的价值类型。

第十条　执行著作权资产评估业务，应当确定评估假设和限制条件。

第三章　资产评估对象

第十一条　著作权资产评估对象是指著作权中的财产权益以及与著作权有关权利的财产权益。

第十二条　著作权资产的财产权利形式包括著作权人享有的权利和转让或者许可他人使用的权利。

许可使用形式包括法定许可和授权许可；授权许可形式包括专有许可、非专有许可和其他形式许可等。

第十三条　执行著作权资产评估业务，应当明确著作权资产的权利形式。当评估对象为著作权许可使用权时，应当明确具体许可形式、内容和期限。

第十四条　著作权财产权利种类包括复制权、发行权、出租权、展览权、表演权、放映权、广播权、信息网络传播权、摄制权、改编权、翻译权、汇编权以及著作权人享有的其他财产权利。这些权利是和特定作品（产品）相关联的。由于作品自身特性，并不是每一种作品都具有这些财产权利。

与著作权评估有关的权利通常包括出版者对其出版的图书、期刊的版式设计权利，表演者对其表演享有的权利，录音、录像制作者对其制作的录音、录像制品享有的权利，广播电台、电视台对其制作的广播、电视所享有的权利以及由法律、行政法规规定的其他与著作权有关的权利。

第十五条　执行著作权资产评估业务，应当关注评估对象的基本状况以及在时间、地域和其他方面的限制条件，评估对象涉及的作品在著作权法中所属的作品类别，作品的发表状况、使用状态、登记情况以及著作权的保护期限。

第十六条　执行著作权资产评估业务，应当要求委托人明确著作权资产评估对象的组成形式。著作权资产评估对象通常有下列组成形式：

（一）单个著作权中的单项财产权利；

（二）单个著作权中的多项财产权利的组合；

（三）分属于不同著作权的单项或者多项财产权利的组合；

（四）著作权中财产权和与著作权有关权利的财产权益的组合；

（五）在权利客体不可分割或者不需要分割的情况下，著作权资产与其他无形资产的组合。

第十七条　执行著作权资产评估业务，应当关注著作权的法律状态。著作权的法律状态包括著作权权利人信息、权利人变更情况、著作权质押情况和涉及诉讼情况等。

第十八条 执行质押目的的著作权资产评估业务，应当要求委托人提交由著作权登记机关出具的登记证书；执行出资目的的著作权资产评估业务，应当关注著作权的登记情况。

第四章 操作要求

第十九条 执行著作权资产评估业务，应当对享有著作权的作品相关情况进行调查，包括必要的现场调查、市场调查，并收集相关信息、资料等。

调查过程收集的相关信息、资料通常包括：

（一）作品作者和著作权权利人的基本情况；

（二）作品基本情况，包括作品创作完成时间、首次发表时间、复制、发行、出租、展览、表演、放映、广播、信息网络传播、摄制、改编、翻译、汇编等使用情况；

（三）作品的类别，包括文字作品，口述作品，音乐、戏剧、曲艺、舞蹈、杂技艺术作品，美术、建筑作品，摄影作品，电影作品和以类似摄制电影的方法创作的作品，工程设计图、产品设计图、地图、示意图等图形作品和模型作品，计算机软件，法律、行政法规规定的其他作品；

（四）作品的创作形式，包括原创或者各种形式的改编、翻译、注释、整理等；

（五）作品的题材类型、体裁特征等情况；

（六）著作权和与著作权有关权利的情况及其登记情况；

（七）各种权利限制情况，包括相关财产权利在时间、地域方面的限制以及质押、诉讼等方面的限制；

（八）与作品相关的其他无形资产权利的情况；

（九）作品的创作成本、费用支出；

（十）著作权资产以往的评估和交易情况，包括转让、许可使用以及其他形式的交易情况；

（十一）著作权权利维护情况；

（十二）宏观经济发展和相关行业政策与作品市场发展状况；

（十三）作品的使用范围、市场需求、同类产品的竞争状况；

（十四）作品使用、收益的可能性和方式；

（十五）同类作品近期的市场交易及成交价格情况。

第二十条 执行著作权资产评估业务，应当了解与著作权资产共同发挥作用的其他因素，并重点关注下列情况：

（一）著作权资产与相关有形资产以及其他无形资产共同发挥作用；

（二）原创作品著作权与演绎作品著作权共同发挥作用；

（三）著作权和与著作权有关权利共同发挥作用。

当存在与评估对象共同发挥作用的其他因素时，应当分析这些因素对著作权资产价值的影响。

第二十一条 执行著作权法律诉讼资产评估业务，应当关注相关案情基本情况，经过质证的资料，以及著作权的历史诉讼情况。

第二十二条　确定著作权资产价值的评估方法包括市场法、收益法和成本法三种基本方法及其衍生方法。

执行著作权资产评估业务，应当根据评估目的、评估对象、价值类型、资料收集等情况，分析上述三种基本方法的适用性，选择评估方法。

第二十三条　采用收益法进行著作权资产评估时，应当根据著作权资产对应作品的运营模式估计评估对象的预期收益，并关注相关经营情况。著作权资产的预期收益通常通过分析计算增量收益、节省许可费和超额收益等途径实现。

第二十四条　执行著作权资产评估业务，应当关注该作品演绎出新作品并产生衍生收益的可能性。当具有充分证据证明该作品在可预见的未来可能会演绎出新作品并产生衍生收益时，应当谨慎、恰当地考虑这种衍生收益对著作权资产价值的影响。

第二十五条　当原创作品的演绎作品尚未形成时，应当了解其衍生收益的产生在评估基准日具有较大的不确定性，可以按或有资产评估衍生收益对应的著作权资产价值。

第二十六条　采用收益法进行著作权资产评估时，应当确定资产的剩余经济寿命。剩余经济寿命可以通过综合考虑法律保护期限、相关合同约定期限、作品类别、创作完成时间、首次发表时间以及作品的权利状况等因素确定。

第二十七条　采用收益法进行著作权资产评估时应当合理确定折现率。折现率可以通过分析评估基准日的利率、投资回报率，以及著作权实施过程中的技术、经营、市场、生命周期等因素确定。著作权资产折现率可以采用无风险报酬率加风险报酬率的方式确定。著作权资产折现率口径应当与预期收益的口径保持一致。

第二十八条　采用市场法进行著作权资产评估时应当：

（一）考虑该著作权资产或者类似著作权资产是否存在活跃的市场，恰当考虑市场法的适用性；

（二）收集类似著作权资产交易案例的市场交易价格、交易时间及交易条件等交易信息；

（三）选择具有比较基础的可比著作权资产交易案例；

（四）收集评估对象近期的交易信息；

（五）对可比交易案例和评估对象近期交易信息进行必要调整。

第二十九条　采用成本法进行著作权资产评估时，应当合理确定作品的重置成本。作品重置成本包括直接成本、间接费用、合理利润及相关税费等。

第三十条　采用成本法进行著作权资产评估时，应当采用适当方法合理确定评估对象的贬值。

第五章　披露要求

第三十一条　编制著作权资产评估报告应当反映著作权资产的特点，通常包括下列内容：

（一）作者和著作权权利人的基本情况；

（二）评估对象的具体组成情况，包括作品基本情况、作品的类别、作品的创作形式、涉及的演绎作品等情况；

（三）评估对象包含的财产权利限制条件；

（四）与著作权有关的权利情况；

（五）著作权和与著作权有关权利事项登记情况；

（六）作品含有其他无形资产的情况；

（七）作品产生收益的方式；

（八）著作权剩余法定保护期限以及剩余经济寿命；

（九）对著作权资产价值影响因素的分析过程；

（十）著作权资产许可、转让、诉讼以及质押等情况；

（十一）其他必要信息。

第六章 附　　则

第三十二条　本指导意见自2017年10月1日起施行。中国资产评估协会于2010年12月18日发布的《关于印发〈著作权资产评估指导意见〉的通知》（中评协〔2010〕215号）同时废止。

商标资产评估指导意见

2017年9月8日　中评协〔2017〕51号

第一章　总　　则

第一条　为规范商标资产评估行为，保护资产评估当事人合法权益和公共利益，根据《资产评估执业准则——无形资产》制定本指导意见。

第二条　本指导意见所称商标资产，是指商标权利人拥有或者控制的，能够持续发挥作用并且能带来经济利益的注册商标权益。

第三条　本指导意见所称商标资产评估，是指资产评估机构及其资产评估专业人员遵守法律、行政法规和资产评估准则，根据委托对评估基准日特定目的下的商标资产价值进行评定和估算，并出具资产评估报告的专业服务行为。

第四条　执行商标资产评估业务，应当遵守本指导意见。

第二章　基本遵循

第五条　资产评估机构及其资产评估专业人员开展商标资产评估业务，遵守法律、行政法规的规定，坚持独立、客观、公正的原则，诚实守信，勤勉尽责，谨慎从业，遵守职业道德规范，自觉维护职业形象，不得从事损害职业形象的活动。

第六条　资产评估机构及其资产评估专业人员开展商标资产评估业务，应当独立进行分析和估算并形成专业意见，拒绝委托人或者其他相关当事人的干预，不得直接以预先设定的价值作为评估结论。

第七条　执行商标资产评估业务，应当具备商标资产评估的专业知识和实践经验，能够胜任所执行的商标资产评估业务。

执行某项特定业务缺乏特定的专业知识和经验时，应当采取弥补措施，包括利用专家工作及相关报告等。

第八条　执行企业价值评估中的商标资产评估业务，应当了解在对持续经营前提下的企业价值进行评估时，商标资产作为企业资产的组成部分的价值可能有别于作为单项资产的价值，其价值取决于它对企业价值的贡献程度。

第九条　执行商标资产评估业务，应当在考虑评估目的等因素的基础上，恰当选择价值类型。

以质押为目的可以选择市场价值或者市场价值以外的价值类型，以交易为目的通常选择市场价值或者投资价值，以财务报告为目的通常根据会计准则相关要求选择相应的价值类型。

第十条　执行商标资产评估业务，应当合理确定评估假设和限制条件。

第三章　评 估 对 象

第十一条　商标资产评估对象是指受法律保护的注册商标权益。

执行商标资产评估业务，应当明确商标资产的权利属性。评估对象为商标专用权的，应当关注商标是否已经许可他人使用及具体许可形式。评估对象为商标许可权时，应当明确该权利的具体许可形式、内容和期限。

第十二条　注册商标包括商品商标、服务商标、集体商标、证明商标。商标资产评估涉及的商标通常为商品商标和服务商标。

第十三条　执行商标资产评估业务，应当要求委托人明确商标的基本状况，通常包括：

（一）商标的文字、图形、字母、数字、三维标志和颜色组合及其说明，商标注册号、注册期限及核准的注册类别；

（二）商标的取得，包括原始取得和继受取得，以及商标注册、转让和继承程序办理情况；

（三）指定使用注册商标的商品或者服务项目；

（四）在类似商品或者服务上注册的相同或者近似的商标情况。

第十四条　执行商标资产评估业务，应当关注商标资产的法律状态。商标资产的法律状态通常包括商标注册人及变更情况，商标续展情况，商标专用权质押情况，商标专用权权属纠纷及涉及诉讼情况等。

第十五条　执行商标资产评估业务，应当根据具体情况将评估对象确定为单一商标或者商标组合。

对商标专用权评估时，应当将商标注册人在相同或者类似商品和服务上注册的相同或者近似的商标作为商标组合。

第十六条　执行商标许可权资产评估业务，应当要求委托人提供商标登记机关的备案资料或者有关商标许可约定的书面文件。

第十七条　执行注册商标专用权质押资产评估业务，应当关注注册商标专用权的历史质押记录，以及对相同或者类似商品或者服务上注册的相同或者近似商标一并办理质权登记的情况。

第四章　操 作 要 求

第十八条　执行商标资产评估业务，应当对商标资产相关情况进行调查，包括必要的现场调查、市场调查，并收集相关资料等。

调查过程中收集的相关资料通常包括：

（一）商标注册人和商标使用人的基本情况；

（二）商标的权属及登记情况；包括注册、变更、许可、续展、质押、纠纷及诉讼等；

（三）对商标的知晓程度；

（四）相关商品或者服务的销售渠道和销售网络等；

（五）商标使用的持续时间；

（六）商标宣传工作的持续时间、程度、费用和地理范围；

（七）与使用该商标的商品或者服务相关的著作权、专利、专有技术等其他无形资产权利的情况；

（八）宏观经济发展和相关行业政策与商标商品或者服务市场发展状况；

（九）商标商品或者服务的使用范围、市场需求、同类商品或者服务的竞争状况；

（十）商标使用、收益的可能性和方式；包括实施企业财务状况、行业竞争地位、未来发展规划等；

（十一）近似商标近期的市场交易情况；

（十二）商标以往的评估及交易情况；

（十三）商标权利维护方面的情况，包括权利维护方式、效果、成本费用等。

第十九条　执行商标资产评估业务，应当尽可能获取与商标资产使用相关的财务数据或者经审计的财务报表，对商标资产的相关财务数据进行必要的分析。

第二十条　执行商标资产评估业务，应当了解商标资产与相关有形资产以及专利权、专有技术和著作权等无形资产共同发挥作用的情况，并考虑其对商标资产价值的影响。

第二十一条　执行商标资产评估业务，应当分析商标商品或者服务的市场需求，关注商标的美誉度、认知度以及商标商品或者服务在相关行业的市场竞争力等因素对商标资产价值的影响。

第二十二条　执行注册商标专用权法律诉讼资产评估业务，应当关注相关案情基本情况，经过质证的资料，以及注册商标专用权的历史诉讼情况。

第二十三条　确定商标资产价值的评估方法包括市场法、收益法和成本法三种基本方法及其衍生方法。

执行商标资产评估业务，应当根据评估目的、评估对象、价值类型、资料收集等情况，分析上述三种基本方法及其衍生方法的适用性，选择评估方法。

第二十四条　运用收益法进行商标资产评估时，应当合理确定预期收益。

商标资产的预期收益应当是因商标的使用而额外带来的收益，可以通过增量收益、节省许可费、收益分成或者超额收益等方式估算。确定预期收益时，应当区分并剔除与商标无关的业务产生的收益，并关注商标商品或者服务所属行业的市场规模、市场地位及相关企业的经营情况。

第二十五条　采用收益法评估商标资产时，应当根据具体情况选择恰当的收益口径。可以按照销售收入、利润或者现金流等口径估算商标资产预期产生的收益。

第二十六条　采用收益法评估商标资产时，应当合理确定商标资产收益期限。收益期限可以通过分析商标商品或者服务所属行业的发展趋势，通过综合考虑法律保护期限、相关合同约定期限、商标商品的产品寿命、商标商品或者服务的市场份额及发展潜力、商标未来维护费用、所属行业及企业的发展状况、商标注册人的经营年限等因素确定。

第二十七条　采用收益法进行商标资产评估时，应当合理确定折现率。折现率可以通过分析评估基准日的利率、投资回报率，以及商标商品生产、销售实施过程中的技术、经营、市场等因素确定。商标资产折现率应当有别于企业或者其他资产折现率。商标资产折现率可以采用无风险报酬率加风险报酬率的方式确定。商标资产折现率口径应当与预期收益的口径保持一致。

第二十八条　采用市场法进行商标资产评估时，应当对收集的可比交易案例与评估对象进行比较，分析时可以从交易时间、权利种类或形式、交易方的关系、获利能力、竞争能力、预计收益期限、商标维护费用、风险程度等方面的差异进行比较。

第二十九条　采用成本法进行商标资产评估时，应当考虑商标资产价值与成本的相关程度，恰当考虑成本法的适用性。

商标重置成本包括合理成本、利润和相关税费等。

第三十条　采用成本法进行商标资产评估时，应当关注评估对象的贬值。

第五章　披 露 要 求

第三十一条　编制商标资产评估报告应当反映商标资产的特点，通常包括下列内容：

（一）商标注册人的基本情况；

（二）商标的基本情况；

（三）商标商品或者服务的基本情况；

（四）商标商品或者服务的生产、销售中涉及的著作权、专利、专有技术等其他无形资产情况；

（五）商标资产产生收益的方式；

（六）商标剩余法定保护期限以及预计收益期限；

（七）对影响商标资产价值因素的分析过程；

（八）使用的评估假设和限制条件；

（九）商标资产许可、转让、诉讼以及质押等情况；

（十）其他必要说明。

第六章　附　　则

第三十二条　本指导意见自2017年10月1日起施行。中国资产评估协会于2011年12月30日发布的《关于印发〈商标资产评估指导意见〉的通知》（中评协〔2011〕228号）同时废止。

文化企业无形资产评估指导意见

2016 年 3 月 30 日　中评协〔2016〕14 号

第一章　引　　言

第一条　为规范资产评估师执行文化企业无形资产评估业务行为，维护社会公共利益和资产评估各方当事人合法权益，根据《资产评估准则——无形资产》，制定本指导意见。

第二条　本指导意见所称文化企业，包括新闻出版发行服务企业、广播电视电影服务企业、文化艺术服务企业、文化信息传输服务企业、文化创意和设计服务企业、文化休闲娱乐服务企业和工艺美术品生产企业等。

第三条　本指导意见所称文化企业无形资产，是指文化企业所拥有或者控制的，不具有实物形态，能够持续发挥作用并且带来经济利益的资源。

第四条　本指导意见所称文化企业无形资产评估，是指资产评估师依据相关法律、法规和资产评估准则，对文化企业无形资产的价值进行分析、估算并发表专业意见的行为和过程。

第五条　资产评估师执行文化企业无形资产评估业务，应当遵守本指导意见。

资产评估师执行与文化企业无形资产价值估算相关的其他业务，可以参照本指导意见。

涉及土地使用权的评估执行相关评估准则的规定。

第二章　基本要求

第六条　资产评估师执行文化企业无形资产评估业务，应当遵守相关法律、法规和资产评估准则。

第七条　资产评估师执行文化企业无形资产评估业务，应当了解文化企业是提供精神产品、传播思想信息、担负文化传承使命的特殊企业，必须始终坚持把社会效益放在首位、实现社会效益和经济效益相统一，应当关注文化企业社会效益对文化企业无形资产价值的影响。

第八条　资产评估师执行文化企业无形资产评估业务，应当具备文化企业无形资产评估相关的专业知识和经验，具有专业胜任能力。

第九条　资产评估师执行文化企业无形资产评估业务，应当恪守独立、客观、公正的原则，勤勉尽责，保持应有的职业谨慎，避免出现对评估结论具有重大影响的疏漏。

第十条　资产评估师执行文化企业无形资产评估业务，应当结合经济行为类型，明确评估目的。

（一）文化企业无形资产评估业务，分为单项资产评估业务中的无形资产评估和企业价值评估业务中的无形资产评估。

（二）单项资产评估业务中的无形资产评估所涉及的经济行为主要包括质押、出资、转让、许可使用、财务报告、涉税和诉讼等。企业价值评估业务中的无形资产评估所涉及的经济行为主要包括改制、并购重组和清算等。

第十一条　资产评估师执行文化企业无形资产评估业务，应当在合理考虑评估目的、市场条件、评估对象自身条件等因素的基础上，恰当选择价值类型。

以质押为目的可以根据实际情况选择市场价值或者根据担保法等相关法律、法规以及金融监管机构的规定选择评估结论的价值类型，以出资、转让、许可使用等交易为目的一般选择市场价值或者投资价值，以财务报告为目的一般根据企业会计准则相关要求选择相应的价值类型。

第十二条　资产评估师执行文化企业无形资产评估业务，应当合理使用评估假设和限定条件，并考虑其与价值类型的相关性。

第十三条　资产评估师执行文化企业无形资产评估业务，应当获取必要信息，并分析信息来源的可靠性，恰当利用信息。

第十四条　资产评估师执行文化企业无形资产评估业务，涉及特殊专业知识和经验时，可以利用专家工作，但应当履行必要程序恰当利用专家工作。

第三章　评估对象和范围

第十五条　资产评估师执行文化企业无形资产评估业务，应当明确评估对象。

文化企业无形资产评估对象，是指文化企业无形资产的财产权益，或者特定无形资产组合的财产权益。文化企业无形资产通常包括著作权、专利权、专有技术、商标专用权、销售网络、客户关系、特许经营权、合同权益、域名和商誉等。

文化企业无形资产不局限于无形资产会计科目核算的资产。符合资产评估准则关于无形资产定义的资产，均可以构成无形资产评估对象。

第十六条　资产评估师执行文化企业无形资产评估业务，应当明确评估范围。

文化企业无形资产评估范围应当服从评估对象的选择，最终确定权在于委托方。评估机构和资产评估师应当根据专业经验建议委托方合理确定评估范围，并在业务约定书中明确约定评估范围。

第十七条　资产评估师执行文化企业价值评估业务中的无形资产评估，应当根据会计政策、企业经营等情况，对被评估企业资产负债表表内以及表外的无形资产进行识别。

第十八条　资产评估师执行文化企业著作权资产评估业务，应当结合文化企业特点关注著作权的法律、经济、技术等特征。

（一）著作权财产权利包括复制权、发行权、出租权、展览权、表演权、放映权、广播权、信息网络传播权、摄制权、改编权、翻译权、汇编权以及著作权人享有的其他财产权利。

与著作权有关的权利，包括出版者对其出版的图书和期刊的版式设计享有的权利，表演者对其表演享有的权利，录音录像制作者对其制作的录音录像制品享有的权利，广播电台、电视台对其制作的广播、电视节目享有的权利等。

这些权利与文化企业特定产品（作品）相关联。由于作品自身特性，并不是每一种作品都具有这些权利。

（二）著作权对应的作品包括以各种形式创作的文学、艺术和自然科学、社会科学、工程技术等作品，具体形式有文字作品；口述作品；音乐、戏剧、曲艺、舞蹈、杂技艺术作品；美术、建筑作品；摄影作品；电影作品和以类似摄制电影的方法创作的作品；工程设计图、产品设计图、地图、示意图等图形作品和模型作品；计算机软件等。与著作权有关的权利对应的作品，包括录音录像制品等。

不同类型的文化企业所拥有的特定作品形式可能存在较大差异。这些作品在创作人员、创作流程、创作成本、传播方式、传播成本、传播范围等方面存在各自特点和差异。这些差异最终都会反映在文化企业产品的成本和收益中。

（三）文化企业著作权资产评估对象按照文化企业具体作品与著作权中各种财产权利组合的方式来表现，具体可描述为“作品名称+权利名称”或者“某某作品的某某权”。评估对象要与经济行为、评估目的保持一致，可能是一件作品的单项权利或者多项权利，也可能是多件作品的某一单项权利组合或者多件作品的多项权利的组合。

（四）资产评估师执行文化企业著作权资产评估业务，应当关注著作权的权利属性，区分著作权使用权和所有权。评估被许可行使的著作权，应当明确具体许可期限、许可使用范围、许可使用方式等许可内容。

（五）文化企业作品的著作权与该作品实体的物权既有联系，又有区别。作品物权转移并不必然导致该作品著作权全部或者部分财产权益的同时转移。绘画、书法、雕塑等美术作品物权是依赖于绘画、书法、雕塑等实体的承载，物权需要随实体一同转移。文化企业拥有绘画、书法、雕塑等实体作品物权，也不必然拥有该作品的著作权。对文化企业评估涉及美术作品实体，资产评估师应当要求委托方明确评估对象是否包含著作权财产权益，并对委托方提供的权属证明材料进行相应查验。

第十九条　资产评估师执行文化企业专利、专有技术资产评估业务，应当结合文化企业特点关注专利资产、专有技术资产的法律、经济、技术等特征。

（一）专利资产的类型通常包括发明专利、实用新型专利和外观设计专利。专有技术资产通常包括设计资料、技术规范、工艺流程、配方、图纸、数据、经营诀窍等。

（二）资产评估师执行文化企业专利资产评估业务，应当了解专利资产的基本状况，通常包括专利法律状态、专利名称、专利类别、专利申请的国别或者地区、专利申请号或者专利号、专利申请人或者专利权人、专利申请日、专利授权日、专利保护期、专利有效性、专利权利要求等。

资产评估师执行文化企业专有技术资产评估业务，应当结合专有技术所属技术领域的技术发展阶段和技术开发活跃程度了解其基本情况，通常包括能反映该专有技术客观存在的相关特征。

（三）资产评估师执行文化企业专利、专有技术资产评估业务，应当关注专利、专有技术的权利属性，区分专利、专有技术资产的使用权和所有权。评估被许可使用的专利、专有技术资产，应当明确具体许可期限、许可使用范围、许可使用方式等被许可内容。

（四）资产评估师执行文化企业专利、专有技术资产评估业务，应当关注该专利、专有技术的实施情况，及其在文化企业产业链中的作用与地位。

例如，资产评估师执行互联网信息服务企业专利、专有技术资产评估，应当关注技术的竞争优势，及其与企业超额收益的关系。

（五）资产评估师执行文化企业专利、专有技术资产评估业务，评估对象可以采用单项专利、专有技术资产的形式，也可以采用专利、专有技术资产组合的形式。资产评估师应当要求委托方根据评估目的、评估对象的具体情况对无形资产进行合理分离或者合并，恰当选择评估对象的具体形式。

例如，资产评估师执行广播电视电影服务企业专利、专有技术资产评估，涉及互联网数据传输、存储、防盗链等专利、专有技术资产时，应当根据评估目的、评估对象的具体情况，对专利和专有技术资产进行分类、整合，并在此基础上恰当采取单项专利或者专利组合、单项专有技术资产或者专有技术资产组合、专利与专有技术资产组合的形式进行评估。

第二十条　资产评估师执行文化企业商标资产评估业务，应当结合文化企业特点关注商标的法律、经济、技术等特征。

（一）资产评估师执行文化企业商标资产评估业务，应当结合商标注册资料，了解商标的基本状况，通常包括商标的图案、文字、注册号、注册期限、核准的注册类别，以及商标注册、转让和继承程序办理情况等。

（二）资产评估师执行文化企业商标资产评估业务，应当关注商标的权利属性，区分商标专用权和商标许可权。评估商标许可权应当明确该权利的具体许可期限、许可使用范围、许可使用方式等被许可内容。

（三）资产评估师执行文化企业商标资产评估业务，应当关注商标的使用情况，以及使用该商标的产品或者服务的经营情况。

（四）资产评估师执行文化企业商标资产评估业务，评估对象可以是某一项商标，也可以是某一项商标与防御商标、扩展商标等相关商标组合的形式。

第二十一条　资产评估师执行文化企业其他无形资产评估业务，应当结合文化企业特点，对纳入评估范围的其他各类无形资产的法律、经济、技术等特征进行调查、分析。

（一）销售网络是企业为了销售产品或者服务而与其他企业进行合作所建立的能够持续发挥作用并且带来经济利益的文化传播渠道。

例如，文艺创作与表演企业通过与旅行社建立合作关系，从而提高客流量，则该企业可能存在销售网络无形资产。

资产评估师执行文化企业销售网络资产评估业务，应当了解销售网络资产的构成和规模、使用情况等，重点关注企业与渠道成员之间的合作方式、权利和义务的约定事项、市场竞争的合法合规性、销售网络的经济贡献等。

（二）客户关系是企业与供应商、顾客等客户建立的能够持续发挥作用并且带来经济利益的往来关系。

例如，新闻出版发行服务企业通过成立读书俱乐部，形成稳定的客户群，并获得收益，则该企业可能存在客户关系无形资产。

资产评估师执行文化企业客户关系资产评估业务，应当了解企业在开发新客户和维护老客户方面所采取的措施、客户的统计资料和流失情况、市场竞争的合法性、客户关系的经济贡献等。

（三）特许经营权是特许人与被特许人约定授予被特许人在一定地区、一定期限内生产经营某项业务，或者使用某项著作权、商标、专利、专有技术等资产，并且能够获取额外经济利益的权利。特许经营权可以分为独占许可、独家许可和普通许可。

资产评估师执行文化企业特许经营权资产评估业务，应当了解特许经营权的性质，许可方式、许可年限和许可范围等约定事项，以及特许经营权的实施成本和效益等。

（四）合同权益是企业因为签订了租赁合同、劳务性合同、供应合同、销售合同等长期合同而在约定期限内所获得的连续性经济利益。

例如，当文化软件服务企业开发网络游戏的核心技术团队成为企业获得持续竞争优势的关键因素，企业与核心技术团队人员签订长期劳动合同，并明确约定了竞业限制条款，则该企业可能存在合同权益无形资产。

资产评估师执行文化企业合同权益资产评估业务，应当了解合同的类别、合同期限、约定的权利与义务等基本条款、法律上的有效性、履约风险、合同权益的贡献等。

（五）域名是互联网上的一个服务器或者一个网络系统的名字，在世界范围内具有唯一性。企业在互联网上注册域名，可以成为宣传自己的产品和服务，并进行电子商务等商业活动的标志。域名和商标一样属于营销类的无形资产。

资产评估师执行文化企业域名资产评估业务，应当了解域名资产的组成结构和主体词汇等基本特征、取得情况、权属状况、使用情况等。

（六）商誉是企业整体声誉的体现，是不可辨认无形资产，不能离开企业单独存在。在不同的财务报告或者税收制度下，商誉可能被赋予不同的定义。

资产评估师执行文化企业商誉资产评估业务，应当了解商誉资产的定义和内涵、取得方式、形成原因、与可辨认资产之间的相互关系以及可辨认资产的使用情况等。

第二十二条　资产评估师执行文化企业无形资产评估业务，应当根据被评估企业所属行业特征和资产对企业价值的贡献方式、表现形式等情况，合理识别和界定无形资产类别。

人力资源作为文化企业资源的组成部分，通常纳入商誉范畴进行评估。人力资源在特定情形下也可能表现为经纪服务合同约定的权益。

例如，影视企业与著名导演、演员等签署的经纪服务合同，该类合同权益属于可辨认无形资产。

第四章　操作要求

第二十三条　资产评估师执行文化企业无形资产评估业务，应当结合文化企业特点，关注社会环境、宏观经济政策、产业政策、法律保护状况、市场竞争状况、经营条件、生产能力、文化差异、产品（作品）类型等各项因素对无形资产效能发挥的制约和激励作用，及其对无形资产价值产生的影响。

例如，评估文化企业无形资产，应当关注不同类型的文化企业在政治导向、文化创作生产和服务、受众反应、社会影响、内部制度和队伍建设等方面产生的社会效益对其无形资产价值的影响。

例如，评估著作权财产权益时，同一作品权益在不同的文化企业运营模式下，可能会有不同的盈利模式，从而获得不同的经济价值。不同作品类型自身特点差异，有其特定的传播规律，造成在法律监管、艺术表现、技术支持方面的差异，进而影响其获利方式、成本构成、经济寿命等。不同财产权益体现了对作品的不同利用方式，这些利用方式受技术发展水平的制约，从而影响财产权益价值。

第二十四条　资产评估师执行文化企业无形资产评估业务，应当结合无形资产的特点，重点关注影响被评估无形资产价值的主要因素。

（一）影响著作权资产价值的主要因素包括著作权财产权利类型、权利属性、作品特征、内容导向、收益方式、传播情况等。

（二）影响专利和专有技术资产价值的主要因素包括专利的法律保护状况、专有技术的保密情况、专利和专有技术的技术特征、权利属性、实施情况、所实施产品或者服务的经营情况等。

（三）影响商标资产价值的主要因素包括商标注册情况、权利属性、市场影响力、使用该商标的产品或者服务的经营情况、广告宣传状况等。

（四）影响销售网络价值的主要因素包括销售网络的构成和范围、销售网络的运行效率等。

（五）影响文化企业客户关系价值的主要因素包括客户构成、消费偏好和消费能力、对企业的忠诚度等。

（六）影响文化企业特许经营权价值的主要因素包括特许经营方式、许可经营期限与范围、许可双方权利与义务、许可费率以及支付方式等。

（七）影响以合同权益方式体现的文化企业人力资源的价值的主要因素包括合同的合法性、公平性、服务期限、合同约定的激励措施、保密条款、竞业禁止条件等。

（八）影响文化企业域名价值的主要因素包括域名的种类、网站的访问量、与该域名相关的业务发展情况、潜在的需求者等。

（九）影响文化企业商誉价值的主要因素包括商誉的定义、形成方式和构成要素，重点关注企业是否存在优越的地理位置、高素质的专业团队、丰富的生产经营经验、科学而健全的管理制度、高效的组织机构、优质的产品和服务、积极的企业文化、良好的社会关系等。

第二十五条　资产评估师执行文化企业无形资产评估业务，应当针对不同类型的无形资产分别收集相关资料，通常包括：

（一）无形资产清查评估明细表；

（二）无形资产法律保护状况资料；

（三）无形资产权利人基本情况；

（四）无形资产的具体内容和使用情况；

（五）无形资产质押情况资料；

（六）无形资产取得成本和历史收益情况资料；

（七）无形资产收益期和预期收益情况资料；

（八）无形资产以往交易情况以及评估情况资料；

（九）无形资产实施过程中涉及的政治、经济和法律环境等方面的资料。

第二十六条　资产评估师执行文化企业无形资产评估业务，应当根据具体情况选择查验资料、访谈、函证、现场查勘等方式，对各类无形资产以及无形资产实施情况进行调查，重点关注影响无形资产价值的各项因素，并对无形资产的权属状况、使用状况等进行调查。

第二十七条　资产评估师执行文化企业无形资产评估业务，应当根据评估目的，恰当考虑各类无形资产评估业务的特点和要求。

（一）资产评估师执行以质押为目的的文化企业无形资产评估业务，应当分析判断拟用于质押的无形资产是否符合相关法律法规的要求，了解借款人和贷款人对不同时间点的无形资产价值的需求差异，分析此期间借款人经济、法律、技术等特定环境条件变化情况，审慎选定无形资产利用方式得出持续创造现金流的能力。

（二）资产评估师执行以出资或者企业改制为目的的文化企业无形资产评估业务，应当分析判断拟用作出资的无形资产是否符合相关法律法规的要求，区分评估结论是作为注册资本金折算依据，还是仅用于验证注册资本金与所有者权益账面价值之间的关系。如果以评估结论核定资本金，应当尽可能地对重要无形资产进行逐项辨认，并单独进行评估。

（三）资产评估师执行以出资、转让、许可使用等交易或者企业并购为目的的文化企业无形资产评估业务，应当关注未来权利人的利用方案，评估报告中是否存在评估假设的经济、法律、技术等特定环境与未来应用状况不匹配的情形，合理确定无形资产价值。

（四）资产评估师执行以财务报告为目的的文化企业无形资产评估业务，在确信总体价值合理的基础上，以及重要无形资产明确辨认和单独评估的情形下，可以视情况采用简便的方法对其他各类无形资产进行合理分析。

第二十八条　资产评估师执行文化企业无形资产评估业务，应当分析判断被评估无形资产是否与其他资产共同发挥作用。

如果被评估无形资产与其他资产共同发挥作用，应当合理确定该无形资产的贡献，或者区分并剔除与该无形资产无关的资产的贡献。

如果被评估无形资产是无形资产组合，在不影响资产组合整体评估结论的前提下，可以不区分无形资产组合内部各项无形资产的贡献。

第二十九条　资产评估师执行文化企业无形资产评估业务，应当关注创造和维护文化企业无形资产的主体是否存在分离现象。对创造和维护主体分离的情形，应当综合考虑各方的成本投入情况、相关权利和义务的约定等价值分割依据，合理确定无形资产各类权利人的合法权益。

例如，评估商标资产价值，当商标的注册人和使用者分属于不同的主体时，应当考虑商标使用者所投入的维护成本对商标资产价值的贡献。

第三十条　资产评估师执行文化企业无形资产评估业务，应当结合无形资产实施或者拟实施企业的经营状况进行评估。对于尚未实施的无形资产，可以利用专业机构出具的专业报告作为评估依据。

第五章　评估方法

第三十一条　资产评估师执行文化企业无形资产评估业务，应当根据评估目的、评估对象、价值类型、资料收集情况等相关条件，分析收益法、市场法和成本法三种资产评估基本方法的适用性，恰当选择一种或者多种资产评估方法。

第三十二条　资产评估师采用各种方法评估文化企业无形资产，应当关注文化企业社会效益对相关参数的影响。不同类型的文化企业对社会效益的重视程度和管理效果可能不同，进而影响该企业的持续经营能力，最终将反映在无形资产未来收益规模、风险水平和经济寿命年限等评估参数上。

第三十三条　资产评估师采用收益法评估文化企业无形资产，应当合理确定无形资产的收益期限以及未来收益水平。

（一）确定文化企业无形资产收益期限，应当综合考虑无形资产对应的产品和服务的经济寿命期限、相关法律保护期限、合同约定期限和被评估企业及其所属行业的发展状况等影响因素。

资产评估师应当了解，大部分文化产品和服务具有生命周期短、重复利用价值低的特征。如果对应的无形资产不能用于开发其他新产品和服务，则无形资产的经济寿命期限不会超过该文化产品和服务的经济寿命期限。

资产评估师应当分析无形资产权利人在维持和创造无形资产方面所具有的资金、技术、固定资产、人力资源和外部环境等条件，确定各类无形资产的持续收益时间。

（二）预测文化企业无形资产收益，可以通过节省许可费、收益分成、增量收益或者超额收益等方式。

（三）预测文化企业无形资产未来收益，应当考虑文化企业运营模式、产品和服务的类型对无形资产收益的影响。

在不同的运营模式下，无形资产可能会有不同的盈利模式，从而获得不同的收益。通常情形下，资产评估师应当按照无形资产权利人的经济、技术、法律等特定环境条件考虑无形资产的使用方式。当无形资产使用方式不受所处环境限制时，资产评估师可以设定无形资产处于最佳使用方式。资产评估师应当知晓，商标、商誉等无形资产通常和企业密不可分，其盈利模式与权利人的生产经营条件密切相关，通常按照权利人的使用方式考虑其价值。

文化企业主要进行文化内容的创作与传播，内容是文化产品的核心。不同类型文化产品和服务由于自身特点，在创作目的、内容载体、创作人员、创作成本、创作流程、传播方式、传播成本、传播范围等方面都可能存在差异，进而影响收益范围和收益水平。

例如，预测电影作品著作权收益，除宏观经济环境、产业政策等因素外，需要考虑该电影作品类型、制片人、导演、演员、剧本以及制作人员对电影作品的影响，同时考虑发行方、院线、放映场次和档期等因素。电影作品制作投资高并不必然产生高的票房收入。对于已经播映过的电影作品，需要关注信息网络传播渠道可能产生的收益，形成衍生产品的可能性及其收益。

（四）预测文化企业无形资产未来收益，应当考虑文化产品和服务的价格、文化基础设施的建设、公众的收入水平、文化素质、闲暇时间等因素对文化产品和服务市场需求的影响，合理确定文化产品和服务的收入。

（五）预测文化企业无形资产未来收益，应当考虑文化产品和服务具有高固定成本和传播边际成本递减等特点，合理确定文化产品和服务的成本。

（六）预测文化企业无形资产未来收益，应当考虑无形资产在不同阶段的获利能力差异。

例如，著作权的盈利能力通常在产出初期高于后期衍生权益阶段，后期衍生著作权收益中可能包括前期原创著作权应分享的收益。

（七）预测文化企业无形资产未来收益，应当结合行业特征考虑无形资产对文化产品和服务收益的贡献程度。在难以直接区分或者没有必要区分各类无形资产收益贡献的情况下，可以综合预测多种无形资产的共同收益。

（八）预测文化企业无形资产未来收益，应当区分文化企业整体收益与无形资产对应的文化产品和服务的收益。文化产品和服务的收益取决于该文化产品和服务的盈利能力，文化企业整体收益取决于不断开发和传播新的文化产品和服务的能力。

例如，广播电视电影服务企业主要依靠制作电影、电视剧并通过发行、放映、信息网络传播等方式获得收益。此类企业的电影、电视剧作品制作能力受到被评估企业品牌、资金规模、剧本储备、签约艺人、专业管理人员等因素的影响。传播能力受宏观经济环境、行业发展趋势、院线放映能力、电视台频道资源、信息网络平台等因素影响。

第三十四条　资产评估师采用收益法评估文化企业无形资产，应当合理确定折现率。

（一）估算文化企业无形资产折现率，可以采用风险累加、企业加权平均资本成本途径等方式。

（二）估算文化企业无形资产折现率，应当关注文化消费的不确定性所产生的市场风险。在快速变动的社会中，消费者对文化产品和服务价值的认知随时可能会改变，文化政策的调整可能形成文化需求变动，大部分文化产品和服务的生命周期短，重复利用的价值较低，技术更新换代和替代品的竞争可能产生技术风险。

（三）估算文化企业无形资产折现率，应当关注国家或者地区有关法律规范以及文化产品在内容审查、传播限制等方面可能产生的法律风险，关注产品复制难易程度、传播成本、法律保护力度、法定赔偿等因素，综合考虑侵权风险，关注不同区域、民族、性别、年龄、收入的人群间文化的差异所产生的风险。

（四）估算文化企业无形资产折现率，应当关注文化产品和服务在生产和传播过程中面临的盈利模式不清晰、生产资源得不到保障或者管理效率低下等原因所造成的经营风险。

（五）估算文化企业无形资产折现率，应当关注文化产品和服务在生产和传播过程中面临的资金匮乏或者高杠杆所形成的财务风险。

第三十五条　资产评估师采用市场法评估文化企业无形资产，应当根据所获取交易案例与评估对象的相似程度、交易案例相关数据的充分性和可靠性等因素，恰当选择可比案例。

评估文化企业中与人力资源有关的合同权益等无形资产，可以结合人才流动市场的定价方式或者文化企业与生产要素供应方的合作模式收集交易案例。

第三十六条　资产评估师采用市场法评估文化企业无形资产，应当分析评估对象与可比案例在交易时间、权利种类或者形式、维护费用、贡献水平、风险程度、经济寿命期限等方面的差异，并考虑该差异因素对无形资产价值的影响。

第三十七条　资产评估师采用成本法评估文化企业无形资产，应当分析无形资产投入成本与价值的相关程度，恰当考虑成本法的适用性。

例如，评估文艺创作与表演服务企业、文化创意和设计服务企业的无形资产，其投入成本与价值的关联程度较低，一般不宜采用成本法。

第三十八条　资产评估师采用成本法评估文化企业无形资产，应当结合评估对象和范围合理确定评估对象的重置成本。

例如，评估景区游览类文化企业无形资产，应当关注景区无形资产与景观资源在成本上的合理划分。

重置成本包括合理的成本、利润和相关税费等。资产评估师应当结合形成无形资产所需的研发人员、管理人员、材料、设备、场地等投入要素，合理确定评估对象的亶置成本。

第三十九条　资产评估师采用成本法评估文化企业无形资产，应当结合评估对象的价值变化规律，合理确定评估对象的贬值。

例如，著作权资产的贬值在其经济寿命期内可能不是均匀分布的，应当采用适当方法确定其贬值。

第四十条　资产评估师对同一无形资产采用多种评估方法时，应当对所获得各种初步价值结论进行分析，形成合理评估结论。

第六章　披露要求

第四十一条　资产评估师执行文化企业无形资产评估业务，应当在履行必要的评估程序后，根据《资产评估准则——评估报告》编制评估报告，并进行恰当披露，使评估报告使用者能够合理理解评估结论。

第四十二条　资产评估师执行文化企业无形资产评估业务，应当在评估报告中重点披露无形资产识别的过程和依据，通常包括对无形资产基本状况、法律状况、技术特征和经济特征实施调查的过程、方法和结论。

第四十三条　资产评估师执行文化企业无形资产评估业务，应当在评估报告中重点披露无形资产的评估情况，通常包括以下内容：

（一）影响无形资产价值的宏观经济状况和区域经济状况、政策因素、法律因素等；

（二）无形资产涉及的行业现状以及未来发展前景；

（三）无形资产涉及的企业业务、财务、资产状况分析；

（四）无形资产评估测算依据、重要参数的来源；

（五）无形资产评估假设前提以及限制条件；

（六）无形资产评估方法，包括评估方法的选择以及理由，评估方法的运用和计算过程；

（七）评估结论以及分析。

第七章　附　　则

第四十四条　本指导意见自2016年7月1日起施行。

金融不良资产评估指导意见

2017年9月8日　中评协〔2017〕52号

第一章　总　　则

第一条　为规范金融不良资产评估行为，保护资产评估当事人合法权益和公共利益，根据《资产评估基本准则》制定本指导意见。

第二条　本指导意见所称金融不良资产，是指银行持有的次级、可疑及损失类贷款，金融资产管理公司收购或者接管的金融不良债权，以及其他非银行金融机构持有的不良债权。

本指导意见所称金融不良资产评估业务包括资产评估专业人员执行的以金融不良资产处置为目的的价值评估业务（以下简称价值评估业务）和以金融不良资产处置为目的的价值分析业务（以下简称价值分析业务）。

价值评估业务是指资产评估机构及其资产评估专业人员遵守法律、行政法规和资产评估准则，根据委托对在评估基准日特定目的下的金融不良资产价值进行评定和估算，并出具评估报告的专业服务行为。

价值分析业务是指资产评估机构及其资产评估专业人员根据委托，对无法履行必要资产评估程序的金融不良资产在基准日特定目的下的价值或者价值可实现程度进行分析、估算，并出具价值分析报告等咨询报告的专业服务行为。

第三条　执行金融不良资产评估业务，应当遵守本指导意见。

第二章　基本遵循

第四条　执行金融不良资产评估业务，应当具备金融不良资产评估的专业知识和实践经验，能够胜任所执行的金融不良资产评估业务。

第五条　执行金融不良资产评估业务，应当坚持独立、客观、公正的原则，勤勉尽责，保持应有的职业谨慎，独立进行分析、估算并形成专业意见。

资产评估机构及其资产评估专业人员应当与委托人、被评估单位以及其他相关当事人无利害关系。

第六条　资产评估专业人员应当根据资产评估业务具体情况合理使用评估假设，并在资产评估报告中予以披露。

第七条　价值评估业务和价值分析业务是两种不同的专业服务。

执行金融不良资产评估业务，在未受到限制、能够履行必要资产评估程序的情况下，通常应当考虑执行价值评估业务。

执行金融不良资产评估业务，在受到限制、无法履行必要资产评估程序的情况下，可以与委托人协商执行价值分析业务。

价值评估业务出具资产评估报告，价值分析业务出具价值分析报告等咨询报告。

第八条　资产评估专业人员在受理金融不良资产评估业务时，应当在明确评估业务基本事项的基础上，根据评估对象的具体情况、评估目的、资产处置方式、评估资料可获得程度和资产评估程序受限制程度等因素，与委托人协商后明确执行价值评估业务或者价值分析业务。

第九条　资产评估专业人员应当提醒委托人和其他报告使用人关注价值评估业务和价值分析业务的区别。

资产评估专业人员应当对价值评估结论或者价值分析结论进行明确说明，提醒委托人和其他报告使用人关注价值评估结论和价值分析结论的区别。

价值分析结论是在受到一定限制条件下形成的专业意见，委托人和其他报告使用人应当知晓其作为参考依据的适用性不同于价值评估结论。

第十条　价值评估结论和价值分析结论反映评估对象在基准日的价值或者价值可实现程度。

资产评估专业人员应当提示报告使用人根据基准日后资产状况和市场状况的变化，合理确定价值评估结论和价值分析结论的有效使用期限。

如果资产状况、市场状况与基准日相关状况相比发生重大变化，委托人应当委托资产评估机构执行评估更新业务或者重新评估。

第十一条　价值评估结论和价值分析结论反映资产评估专业人员遵守法律、行政法规和资产评估准则，在履行必要程序后形成的建立在相关假设和限制条件基础上的专业意见。

价值评估结论或者价值分析结论是资产处置的参考依据，不应当被认为是对金融不良资产处置时可实现价格的保证。

委托人和其他报告使用人应当正确理解并恰当使用价值评估结论或者价值分析结论。资产评估专业人员应当建议委托人在参考价值评估结论或者价值分析结论的基础上，结合资产处置方案及资产处置时资产状况和市场状况等因素，进行合理决策。

第十二条　遵守法律、行政法规和资产评估准则，对评估对象在基准日特定目的下的价值或者价值可实现程度进行分析和估算并发表专业意见，是资产评估机构及其资产评估专业人员的责任。

委托人和其他相关当事人应当提供必要的资料，并对资料的真实性、完整性、合法性负责。

委托人应当对资产评估专业人员执行业务予以配合，不得干预资产评估专业人员正常执业。当债务人等被评估单位对资产评估机构的合理要求不予以必要配合时，委托人应当予以必要协调。

第三章 资产评估对象

第十三条 金融不良资产评估业务中，根据项目具体情况和委托人要求，评估对象可能是债权资产，也可能是用于实现债权清偿权利的实物类资产、股权类资产和其他资产。

执行金融不良资产评估业务，应当与委托人进行充分协商，明确评估对象。

第十四条 实物类资产主要包括收购的以物抵贷资产、资产处置中收回的以物抵债资产、受托管理的实物资产及其所产生的权益，以及其他能实现债权清偿权利的实物资产。

股权类资产主要包括商业性债转股、抵债股权、质押股权等。

其他资产主要包括土地使用权、商标权等无形资产以及收益凭证等其他相关资产。

债权资产主要包括本指导意见第二条第一款所指不良贷款和不良债权。

第十五条 执行金融不良资产评估业务，应当关注评估对象的具体形态，充分考虑评估对象特点对评估业务的影响。

第四章 操作要求

第十六条 执行价值评估业务应当充分考虑金融不良资产处置的特点，遵守法律、行政法规和资产评估准则。

第十七条 资产评估专业人员应当明确资产评估业务的基本情况，根据评估目的、评估对象、资产处置方式、可获得的评估资料等因素，恰当选择价值类型和评估方法。

第十八条 执行金融不良资产评估业务，应当在履行必要的资产评估程序或者分析程序后，编制并出具资产评估报告或者咨询报告。

第十九条 资产评估报告应当包含必要信息，使资产评估报告使用人能够正确理解评估结论。

第二十条 资产评估专业人员应当在遵守法律、行政法规和资产评估准则的基础上，根据委托人的要求，合理确定资产评估报告的繁简程度。

第五章 附 则

第二十一条 本指导意见自 2017 年 10 月 1 日起施行。中国资产评估协会于 2005 年 3 月 21 日发布的《关于印发〈金融不良资产评估指导意见（试行）〉的通知》（中评协〔2005〕37 号）同时废止。

投资性房地产评估指导意见

2017 年 9 月 8 日　中评协〔2017〕53 号

第一章　总　　则

第一条　为规范投资性房地产评估行为，保护资产评估当事人合法权益和公共利益，根据《以财务报告为目的的评估指南》制定本指导意见。

第二条　本指导意见所称投资性房地产，是指《企业会计准则第 3 号——投资性房地产》及其应用指南所称的投资性房地产，即企业为赚取租金或者资本增值，或者两者兼有而持有的房地产。

第三条　本指导意见所称投资性房地产评估，是指资产评估机构及其资产评估专业人员遵守法律、行政法规和资产评估准则，根据委托对以财务报告为目的所涉及的符合会计准则规定条件的投资性房地产在评估基准日的公允价值进行评定和估算，并出具资产评估报告的专业服务行为。

第四条　执行投资性房地产评估业务，应当遵守本指导意见。

第二章　基 本 遵 循

第五条　执行投资性房地产评估业务，应当具备投资性房地产评估的专业知识和实践经验，能够胜任所执行的投资性房地产评估业务。

执行某项特定业务缺乏特定的专业知识和经验时，应当采取弥补措施，包括利用专家工作及相关报告等。

第六条　执行投资性房地产评估业务，应当充分理解相关会计准则的要求、评估对象在企业财务报告中的核算和披露要求，并提请企业管理层按其经营意图以及会计准则的规定对投资性房地产进行恰当分类。

第七条　执行投资性房地产评估业务，应当与企业和执行审计业务的注册会计师进行必要的沟通，了解其因遵循相关会计准则的具体要求而提出的具体意见和建议，并分析这些意见和建议对评估业务的影响。

第八条　资产评估专业人员应当提醒委托人根据会计准则的相关要求确定评估基准日。

评估基准日可以是资产负债表日、投资性房地产转换日等。

第九条 执行投资性房地产评估业务，应当对投资性房地产进行现场调查，明确投资性房地产的实物状况、权益状况和区位状况，收集相关权属证明、租赁合同等文件；没有权属证明文件的，应当要求委托人或者其他相关当事人对投资性房地产的权属做出承诺或者说明。

第三章 评估对象

第十条 资产评估专业人员应当知晓会计准则中投资性房地产的分类，并提请委托人参照以下会计准则的要求，明确评估对象：

（一）已出租的土地使用权，是指企业通过出让或者转让方式取得的、以经营租赁方式租出的土地使用权。

（二）持有并准备增值后转让的土地使用权，是指企业取得的、准备增值后转让的土地使用权。按照国家有关规定认定的闲置土地，不属于持有并准备增值后转让的土地使用权。

（三）已出租的建筑物，是指企业拥有产权、以经营租赁方式租出的建筑物，包括自行建造或者开发活动完成后用于出租的建筑物。

第十一条 执行投资性房地产评估业务，应当明确评估对象对应的是个别建筑物单元，还是多个建筑物单元及其附属设施共同构成的整体。

当出租建筑物的附属设备和设施是租金收入所对应出租资产的组成部分时，应当考虑该设备和设施对投资性房地产价值的影响。

第四章 评估方法

第十二条 执行投资性房地产评估业务，应当根据评估对象、价值类型、资料收集情况和数据来源等相关条件，参照会计准则关于评估对象和计量方法的有关规定，选择评估方法。

第十三条 采用市场法评估投资性房地产时，应当收集足够的同类或者类似房地产的交易案例，并对所收集的信息及其来源进行分析。在选用交易案例时应当关注案例的可比性，重点分析投资性房地产的实物状况、权益状况、区位状况、交易情况及租约条件。

第十四条 采用市场法评估投资性房地产时，应当建立价值可比基础，细化相关比较因素，包括交易情况、交易日期、容积率、使用年期、面积、具体位置、经营业态和所带租约等，明确相关指标参数内涵。

第十五条 采用收益法评估投资性房地产时，应当对企业来自投资性房地产的租金收益，以及当期产生的相应费用进行分析，判断租金收益与相应费用的匹配性，确定净收益。

投资性房地产的净收益是指租金中直接归属于评估对象所对应的房地产权益部分，不包括物业管理费、代垫水电费等其他项目，并应当考虑免租期和租金收取方式的影响。

第十六条 采用收益法评估投资性房地产时，应当关注投资性房地产现有租约条款对公允价值的影响，包括租金及其构成、租期、免租期、续租条件和提前终止租约的条件。

评估中应当关注租约的合法、有效性，了解实际履行状况。对合法、有效并实际履行的租约，预测未来净收益所使用的租约期内的租金应当采用租约所确定的租金，租约期外的租金应当采用正常客观的租金。当约定租金与市场租金水平存在较大差异时，应当分析其原因，并进行披露。

第十七条　采用收益法评估投资性房地产时，应当根据建筑物的剩余经济寿命年限与土地使用权剩余使用年限等参数，以及法律、行政法规的规定确定收益期限。

第十八条　采用收益法评估投资性房地产时，应当合理确定折现率。折现率应当反映评估基准日类似地区同类投资性房地产平均回报水平和评估对象的特定风险。折现率的口径应当与收益口径保持一致，并考虑租约、租期、租金等因素对折现率选取的影响。

第十九条　采用市场法和收益法评估投资性房地产时，评估结论通常包括土地使用权价值。

执行投资性房地产评估业务应当关注已出租的建筑物的会计核算中是否包含建筑物所对应的土地使用权。如果会计核算不包含土地使用权，应当提请企业管理层重新分类，或者在评估结论中扣除土地使用权的价值，并在资产评估报告中进行披露。

第二十条　采用市场法和收益法评估投资性房地产时，应当排除特殊交易情况的影响，包括非常规的融资、售后租回、特殊对价或者折让等。

第二十一条　采用市场法和收益法无法得出投资性房地产公允价值时，可以采用符合会计准则的其他方法。如果仍不能合理得出投资性房地产公允价值，经委托人同意，还可以采用恰当的方式分析投资性房地产公允价值的区间值，得出价值分析结论，并提醒资产评估报告使用人关注公允价值资产评估结论和价值分析结论的区别。

第五章　披露要求

第二十二条　执行投资性房地产评估业务，应当根据《资产评估执业准则——资产评估报告》和《以财务报告为目的的评估指南》编制并由资产评估机构出具资产评估报告，进行恰当披露。

第二十三条　编制投资性房地产评估报告应当披露必要的信息，使资产评估报告使用人，包括企业管理层和执行审计业务的注册会计师等，了解资产评估过程、正确理解和使用评估结论。

第二十四条　投资性房地产评估报告中应当重点披露以下内容：

（一）评估对象的具体描述，包括总体情况和主要特点等；

（二）评估对象的权属状况、使用状况及租约信息；

（三）价值类型的定义及其与会计准则的对应关系；

（四）评估方法的选择过程和依据，评估方法的具体运用；

（五）评估假设，主要包括已签租约是否合法、有效；已签租约是否实际履行，是否会改变和无故终止；已出租建筑物的经营业态是否会发生重大改变；

（六）关键性评估参数的来源、依据和测算过程等；

（七）是否存在缺失产权文件等方面的瑕疵或者重大限制。

第二十五条　当评估对象存在产权瑕疵且该瑕疵事项可能对投资性房地产的公允价值产生重大影响时，应当对该瑕疵事项及其影响进行披露并提请资产评估报告使用人予以关注。

第六章　附　　则

第二十六条　本指导意见自2017年10月1日起施行。中国资产评估协会于2009年12月18日发布的《关于印发〈投资性房地产评估指导意见（试行）〉和〈资产评估准则——珠宝首饰〉的通知》（中评协〔2009〕211号）中的《投资性房地产评估指导意见（试行）》同时废止。

实物期权评估指导意见

2017 年 9 月 8 日　中评协〔2017〕54 号

第一章　总　　则

第一条　为规范实物期权评估行为，保护资产评估当事人合法权益和公共利益，根据《资产评估基本准则》制定本指导意见。

第二条　本指导意见所称实物期权，是指附着于企业整体资产或者单项资产上的非人为设计的选择权，即指现实中存在的发展或者增长机会、收缩或者退出机会等。相应企业或者资产的实际控制人在未来可以执行这种选择权，并且预期通过执行这种选择权能带来经济利益。

第三条　本指导意见所称实物期权评估，是指资产评估机构及其资产评估专业人员遵守法律、行政法规和资产评估准则，根据委托对评估基准日特定目的下附着于企业整体资产或者单项资产上的实物期权进行识别、评定、估算，并出具资产评估报告的专业服务行为。

第四条　企业整体资产或者单项资产可能会附带一种或者多种实物期权。当资产中附带的实物期权经初步判断其价值可以忽视时，可以不评估该实物期权的价值。

第五条　执行涉及实物期权评估的业务，应当遵守本指导意见。

第二章　基本遵循

第六条　执行涉及实物期权评估的业务，应当掌握期权定价理论知识，具备实物期权评估的专业知识，具有实物期权评估的专业能力。

第七条　实物期权的价值依附于相应资产，资产评估专业人员进行实物期权价值评估，应当根据评估目的和评估对象的具体情况选择恰当的价值类型。

第八条　执行涉及实物期权评估的业务，应当坚持独立、客观、公正的原则，尽可能获取充分、可靠的信息，并基于信息进行审慎分析、估算和形成专业意见。

第九条　执行涉及实物期权评估的业务，应当合理使用评估假设和限制条件，理解并恰当运用期权价值评估的程序和方法，形成评估结论。

第十条　需要评估实物期权时，应当在资产评估委托合同中予以明确。委托人或者被评估单位应当提供实物期权评估的相关资料，并对资料的真实性、完整性、合法性负责。

第三章 评估对象

第十一条 执行涉及实物期权评估的业务涉及的实物期权主要包括增长期权和退出期权等。

第十二条 增长期权是指在现有基础上增加投资或者资产，从而可以扩大业务规模或者扩展经营范围的期权。

第十三条 退出期权是指在前景不好的情况下，可以按照合理价格部分或者全部变现资产，或者低成本地改变资产用途，从而收缩业务规模或者范围以致退出经营的期权。

第四章 操作要求

第十四条 资产评估专业人员评估实物期权，应当按照识别期权、判断条件、估计参数、估算价值四个步骤进行。

第十五条 资产评估专业人员评估企业整体或者单项资产附带的实物期权，应当全面了解有关资产的情况以及资产未来使用前景和机会，识别不可忽视的实物期权，明确实物期权的标的资产、期权种类、行权价格、行权期限等。

第十六条 执行涉及实物期权评估的业务，应当根据有关参数所需信息的可获取性和可靠性，判断是否具备评估条件。不具备实物期权评估条件时，应当终止实物期权评估。

第十七条 实物期权评估中的参数通常包括标的资产的评估基准日价值、波动率、行权价格、行权期限和无风险收益率等。

标的资产即实物期权所对应的基础资产。增长期权是买方期权，其标的资产是当前资产带来的潜在业务或者项目；退出期权是卖方期权，其标的资产是实物期权所依附的当前资产。

波动率是指预期标的资产收益率的标准差。波动率可以通过类比风险相近资产的波动率确定，也可以根据标的资产以往价格相对变动情况估计出历史波动率，再根据未来风险变化情况进行调整确定。

行权价格是指实物期权行权时，买进或者卖出标的资产支付或者获得的金额。增长期权的行权价格是形成标的资产所需要的投资金额。退出期权的行权价格是标的资产在未来行权时间可以卖出的价格，或者在可以转换用途情况下，标的资产在行权时间的价值。

行权期限是指评估基准日至实物期权行权时间之间的时间长度。实物期权通常没有准确的行权期限，可以按照预计的最佳行权时间估计行权期限。

无风险收益率是指不存在违约风险的收益率，可以参照剩余期限与实物期权行权期限相同或者相近的国债到期收益率确定。

第十八条 执行涉及实物期权评估的业务，应当根据实物期权的类型，选择适当的期权定价模型，常用的期权定价模型包括布莱克—舒尔斯模型、二项树模型等。对测算出的实物期权价值，应当进行必要的合理性检验。

第五章 披露要求

第十九条 执行有关资产评估业务涉及实物期权评估，应当在资产评估报告中予以披露。

第二十条 资产评估专业人员编制涉及实物期权评估的资产评估报告，除了符合《资产评估执业准则——资产评估报告》的披露要求外，还应当披露实物期权的种类、标的资产、行权期限、选择的评估方法和模型，以及实物期权评估结论等。

第二十一条 执行涉及实物期权评估的业务，应当在资产评估报告中对实物期权的或有资产属性给予必要的提醒。

第六章 附 则

第二十二条 本指导意见自2017年10月1日起施行。中国资产评估协会于2011年12月30日发布的《关于印发〈实物期权评估指导意见（试行）〉的通知》（中评协〔2011〕229号）同时废止。

附：1. 常见的实物期权（供参考）

2. 常用的期权定价模型（供参考）

3. 评估结论的合理性检验（供参考）

附 1

常见的实物期权

（供参考）

对实物期权可以从不同角度进行分类。资产评估专业人员在执行资产评估业务时，可能涉及的实物期权主要包括增长期权和退出期权等。

增长期权是在现有基础上增加投资和资产，从而扩大业务规模或者扩展经营范围的期权。常见的增长期权包括实业项目进行追加投资的期权，分阶段投资或者战略进入下一个阶段的期权，利用原有有形资产和无形资产扩大经营规模或者增加新产品、新业务的期权，文化艺术品以及影视作品开发实物衍生产品或者演绎作品的期权等。

退出期权指在前景不好的情况下，可以按照合理价格即没有明显损失地部分或者全部变卖资产，或者低成本地改变资产用途，从而收缩业务规模或者范围以致退出经营的期权。常见的退出期权包括房地产类资产按接近或者超过购置成本的价格转让，制造业中的通用设备根据业务前景而改变用途，股权投资约定退出条款等形成的期权。

现实中的企业整体与单项资产可能附带一些实物期权。实物期权的价值评估较为复杂，为平衡评估工作量与评估结论的准确性和稳健性，应当从可能发现的实物期权中选出不可忽视的实物期权加以评估。

不可忽视的实物期权可以根据实物期权的重要性和相互关系进行分析判断。

实物期权的重要性可以根据以下标准进行评价：

（1）标的资产范围或者价值越大越重要。如评估企业价值时，以企业价值为标的资产的实物期权比以某个业务部门为标的资产的实物期权更为重要。

（2）实物期权执行的可能性越大越重要。在其他条件相同的情况下，实值实物期权比虚值实物期权重要；实物期权的实值越深越重要；实物期权的期限越近越重要；标的资产拥有方具备的执行实物期权的资源越充足越重要。

执行实物期权的资源多种多样，增长实物期权最重要的资源是对相应业务的垄断权，包括来自政府或者市场的特许权、来自技术专利的独占权，以及长期的买卖或者合作关系、产品或者业务预定合同等。

实物期权的相互关系可以根据以下标准进行评价：

（1）多个实物期权之间有互斥关系或者替代关系，即选择执行了其中一个实物期权，其他实物期权就不能或者不必要执行，则应当选择其中最重要的实物期权。

（2）多个实物期权之间有互补关系，则根据执行的可能性都选或者都不选为评估对象。有互补关系的实物期权常见的是各种可能的机会之间有战略协同性的期权。

（3）多个实物期权之间有因果关系或者前后关系，则根据执行的可能性只选在前或者为因的实物期权进行评估。

附 2

常用的期权定价模型

（供参考）

评估实物期权的价值可以选择和应用多种期权定价方法或者模型。到目前为止，理论上合理、应用上方便的模型主要有布莱克—舒尔斯模型（Black - Scholes Model）和二项树模型（Binomial Model）等。

1. 布莱克—舒尔斯模型及其应用

布莱克—舒尔斯模型，也称为布莱克—舒尔斯—默顿模型（Black - Scholes - Merton Model），针对无红利流量情况下欧式期权的价值评估，考虑了标的资产评估基准日价值（S）及其波动率（σ）、期权行权价格（X）、行权期限（T）、无风险收益率（r）五大因素以确定期权价值。模型形式为：

买方期权价值 $C_0 = SN(d_1) - Xe^{-rT}N(d_2)$

卖方期权价值 $P_0 = Xe^{-rT}N(-d_2) - SN(-d_1)$

其中，C_0 和 P_0 分别代表欧式买方期权和卖方期权的价值；e^{-rT} 代表连续复利下的现值系数；$N(d_1)$ 和 $N(d_2)$ 分别表示在标准正态分布下，变量小于 d_1 和 d_2 时的累计概率。d_1 和 d_2 的取值如下：

$$d_1 = \frac{\ln(S/X) + (r + \sigma^2/2)T}{\sigma\sqrt{T}}$$

$$d_2 = \frac{\ln(S/X) + (r - \sigma^2/2)T}{\sigma\sqrt{T}} = d_1 - \sigma\sqrt{T}$$

选择布莱克—舒尔斯模型估算实物期权价值的步骤如下：

第一步，估计有关参数数据。

第二步，计算 d_1 和 d_2。

第三步，求解 $N(d_1)$ 和 $N(d_2)$。

第四步，计算买方期权或者卖方期权的价值。

2. 二项树模型及其应用

二项树模型可以用于计算欧式期权价值，也可以在一定程度上计算美式期权的价值。一期二项树和两期二项树的期权价值模型分别为：

$$f = e^{-rT}[pfu + (1-p)fd]$$

$$f = e^{-2rt}[p^2 fuu + 2p(1-p)fud + (1-p)^2 fdd]$$

其中，f 代表买方期权或者卖方期权的价值，T 代表期权行权期限，t 代表每期的时间长度。p 被称为假概率，在模型中的数学地位相当于标的资产价格在一期中上升的概率；相应地，（1 - p）相当于标的资产价格在一期中下降的概率。p 一般不需要经过专门估计，而是可以依据其他参数计算出来，这也是它被称为假概率的原因。u、d 分别代表标的资产价值一次上升后为原来的倍数和一次下降后为原来的倍数。fu、fuu 分别代表标的资产价值一次和两次上升后期权的价值；fd、fdd 分别代表标的资产价值一次和两次下降后期权的价值。fud 代表标的资产价值一次上升和一次下降后期权的价值。

在多期二项树下可以通过判断在各期末实物期权提前执行的必要性倒推计算各期末实物期权的价值，从而可以计算美式实物期权的评估基准日价值。

u、d、p 的取值可以根据实际情况进行专门估计，也可以根据公式计算确定。计算 u、d、p 的最简单公式如下：

$$u = e^{\sigma\sqrt{t}}$$

$$d = e^{-\sigma\sqrt{t}}$$

$$p = \frac{e^{rT} - d}{u - d}$$

在应用二项树模型时，可以根据需要将期权的行权期限划分为任意多个变化期，从而可以增加在期权到期时标的资产价值及对应的期权价值的可能值。一般而言，划分的期数越多，评估结论越精确。在实物期权的评估中，由于基础数据的估计不可能很准确，通过增加期数提高评估结论的准确性意义不大。从实际评估效果考虑，建议一般采用一期或者两期二项树模型即可。

选择二项树模型估算实物期权价值的步骤如下：

第一步，计算 u、d 和 p。

第二步，计算到期实物期权的各种可能值，如一期二项树下为 fu 和 fd；两期二项树下为 fuu、fud 和 fdd。

第三步，计算实物期权到期的期望价值，如一期二项树下为 $pfu + (1 - p)fd$；两期二项树下为 $p^2fuu + 2p(1 - p)fud + (1 - p)^2fdd$。

第四步，按无风险收益率折现上述期望价值，得出实物期权的评估基准日价值。

3. 评估模型的选择

布莱克—舒尔斯模型和二项树模型都可以用于计算买方期权和卖方期权的价值。布莱克—舒尔斯模型针对欧式期权的定价，是连续时间下的期权定价模型；二项树模型是离散时间下的期权定价模型，理论上对于欧式期权和美式期权都适用，但多数情况下应用不是很方便。美式期权和欧式期权都只有一次执行机会。在其他条件相同的情况下，美式期权价值不会超过对应的欧式期权很多。当标的资产在期权行权期限内没有红利流量的情况下，美式买方期权和欧式买方期权价值完全相同。在期权行权期限内有红利流量的情况下，应用布莱克—舒尔斯模型评估可能会在一定程度上低估期权的价值，可以考虑采用针对红利的布莱克—舒尔斯模型的变形来评估。

在极限意义上（即每期时间为无限短的情况下），布莱克—舒尔斯模型和二项树模型的评估结论相同。在估算实物期权价值时，可以根据参数估计和计算方便的原则，选择采用布莱克—舒尔斯模型或者二项树模型。

4. 有关评估参数的估计

评估实物期权所需的参数通常包括标的资产评估基准日价值（S）及其波动率（σ）、行权价格（X）、行权期限（T）以及无风险收益率（r）等。

标的资产即实物期权所对应的基础资产。增长期权的标的资产是当前资产带来的潜在业务或者项目；退出期权的标的资产是实物期权所依附的当前资产。在估算实物期权价值时，标的资产的评估基准日价值可以根据成本法、收益法等适当的方法进行评估，但应当明确标的资产的评估价值中没有包含资产中的实物期权价值。

波动率是指预期标的资产收益率的标准差，即标的资产在期权行权期限内无红利流量的情况下，其价值相对变动的标准差。可以通过类比风险相近资产的波动率确定，也可以根据资产以往价格相对变动情况确定历史波动率，再根据未来风险变化情况进行调整确定。

行权价格是指执行实物期权时，买进或者卖出相应资产所支付或者获得的金额。增长期权的行权价格是形成标的资产投资所需要的金额；退出期权的行权价格是标的资产在未来行权时间可以卖出的价格，或者在可以转换用途情况下，标的资产在行权时间的价值。

行权期限是指评估基准日至实物期权行权时间之间的时间长度。实物期权通常没有准确的行权期限，可以按照预计的最佳行权时间估计行权期限。通常可以根据稳健原则通过适当低估行权期限而减少其估计难度。

无风险收益率是指不存在违约风险的收益率，可以参照剩余期限与实物期权行权期限相同或者相近的国债到期收益率确定。

附 3

评估结论的合理性检验

（供参考）

实物期权价值评估较为复杂，为确保评估结论的合理性，建议根据下表中的基本变量关系对评估结论进行合理性检验，防止出现方向性错误。

评估结论合理性检验表

变量名称	变量符号	与买方期权价值的关系	与卖方期权价值的关系
标的资产价值	S	同向	反向
行权价格	X	反向	同向
行权期限	T	同向	同向
波动率	σ	同向	同向
无风险收益率	r	同向	反向

财政部资产管理司有关负责人就制定和实施《资产评估基本准则》答记者问

为了贯彻落实资产评估法，规范资产评估行为，加强资产评估执业监管，推动资产评估准则建设，2017 年 8 月 23 日，财政部制定发布了《资产评估基本准则》（以下简称《基本准则》），自 2017 年 10 月 1 日起施行。2004 年 2 月 25 日发布的《资产评估准则——基本准则》和《资产评估职业道德准则——基本准则》同时废止。近日，财政部资产管理司有关负责人就制定和实施《基本准则》有关问题回答了记者提问。

1. 问：制定《基本准则》的背景是什么？

答：《资产评估准则——基本准则》和《资产评估职业道德准则——基本准则》自 2004 年发布施行以来，得到了国内评估界、委托人和政府部门的普遍认可，在规范资产评估执业行为，维护公共利益，提升行业公信力方面，发挥了重要作用。当前，准则的实施环境在法律、监管、实践等方面发生重大变化，为此财政部制定出台了《基本准则》。

一是贯彻落实《资产评估法》要求。2016 年出台的《资产评估法》规定国务院有关行政管理部门组织制定评估基本准则，评估机构及其评估专业人员开展业务应当遵守评估准则，违反评估准则要承担相应的法律责任。同时，《资产评估法》还对评估方法、评估程序、评估报告、评估档案等具体内容做出了规定。基本准则需要与《资产评估法》进行有效衔接。

二是资产评估实践提出更新要求。资产评估行业作为专业服务行业，必须以专业赢得市场，以专业赢得尊重，资产评估基本准则是重要的专业支撑。随着全面深化改革的持续推进，资产评估服务的市场属性进一步加强，市场范围进一步拓宽，资产类型进一步增加，市场经济发展对基本准则的专业性提出更高的要求，需要及时更新和完善。另外，经过多年实践检验，原准则中有些不适应资产评估发展要求的规定逐渐显现，需要及时更新完善。基本准则作为资产评估执业准则和职业道德准则的编制依据，需要根据实践要求更新。

三是强化资产评估行业监管要求。《资产评估行业财政监督管理办法》（财政部令第 86 号）规定，财政部门对资产评估专业服务的行政监管以资产评估准则为依据。在推动放管服改革的背景下，基本准则需要针对资产评估程序、资产评估报告、资产评估档案等重点监管环节细化相关规定，增加准则的可操作性，以适应监管方式改革和监管内容细化的要求。

2. 问：《基本准则》出台的主要意义是什么？

答：从总体上看，《基本准则》对推动资产评估准则建设，规范资产评估执业行为，强化资产评估执业监管，保护资产评估当事人合法权益和公共利益具有重要意义。

一是财政部门贯彻落实资产评估法的重要文件。资产评估法要求有关评估行政管理部门组织制定评估基本准则。财政部积极贯彻落实资产评估法，组织制定《基本准则》，对资产评估准则体系、资产评估机构及其资产评估专业人员从事资产评估业务的基本遵循，资产评估程序、资产评估报告和档案等重要事项进行了规范。《基本准则》是资产评估行业贯彻落实资产评估法的重要文件。

二是建立了资产评估行业规范执业的制度保障。《基本准则》规定了资产评估机构及其专业人员从事资产评估业务的基本遵循，有利于规范资产评估执业行为，保障资产评估行业的健康发展。《基本准则》设专章对资产评估程序、资产评估报告和档案进行了重点规范，具体明确的执业规定，既是评估专业人员执业行为的遵循，也是评估机构履行内部审核程序的依据，还是财政部门实施行政监管的标准与尺度，有利于构建公平公正的评估市场环境。

三是构建了相对完善的资产评估准则体系。根据资产评估法的要求，财政部制定资产评估基本准则，中国资产评估协会制定资产评估执业准则和职业道德准则，这就明确了财政部和中国资产评估协会在准则制定方面的职责分工，有助于形成我国资产评估准则制定及更新的常态机制。基本准则还明确资产评估执业准则包括各项具体准则、指南和指导意见。

3. 问：《基本准则》的主要内容有哪些？

答：《基本准则》共六章三十五条，分别为总则、基本遵循、资产评估程序、资产评估报告、资产评估档案和附则。主要内容：一是明确了《基本准则》规范的主体和适用范围；二是资产评估机构及其资产评估专业人员开展资产评估业务的基本遵循；三是对资产评估程序、资产评估报告和档案等重要执业内容做出了具体规范；四是规定了资产评估准则体系组成。

4. 问：请介绍一下《基本准则》的适用范围。

答：《基本准则》将适用范围确定为资产评估机构及其资产评估专业人员开展资产评估业务，资产评估机构是在财政部门备案的评估机构，资产评估专业人员包括资产评估师和其他具有评估专业知识及实践经验的资产评估从业人员，资产评估业务涵盖法定和非法定资产评估业务。同时，《基本准则》明确，资产评估机构及其资产评估专业人员开展资产评估业务，法律、行政法规规定和国务院规定由其他评估行政管理部门管理，应当执行其他准则的，从其规定。

5. 问：资产评估机构及其资产评估专业人员开展资产评估业务的基本遵循有哪些？

答：《基本准则》结合资产评估法，提出了对资产评估机构及其资产评估专业人员开展资产评估业务的基本遵循，主要内容包括：一是遵守法律、行政法规的规定，坚持独立、客观、公正的原则；二是诚实守信，勤勉尽责，谨慎从业，遵守职业道德规范，自觉维护职业形象，不得从事损害职业形象的活动；三是开展资产评估业务，应当独立进行分析和估算并形成专业意见，不得直接以预先设定的价值作为评估结论；四是对具备和保持资产评估专业能力做出规定。

6. 问：《基本准则》在充实完善资产评估执业要求上有哪些突出特点？

答：《基本准则》既是指导和约束资产评估机构和资产评估专业人员的从业规范，又是财政主管部门进行资产评估行政管理的专业依据。为此新制定的《基本准则》突出了以下特点。

第一，完善了重点环节的执业规范，规定了资产评估基本程序及其履行要求，规范了资产评估报告的内容及披露要求，明确了资产评估工作底稿和档案的内容及管理要求。

第二，落实细化了资产评估法的要求：一是夯实资产评估机构内部审核程序，规定资产评估专业人员编制初步资产评估报告，经资产评估机构内部审核后，出具资产评估报告。二是明确资产评估方法包括市场法、收益法和成本法三种基本方法及其衍生方法，呼应了资产评估法关于评估方法的选择要求，为通过制定具体准则指导和规范评估方法的选择预留了空间。三是区分法定和非法定资产评估业务，按照资产评估法的规定对资产评估业务承办、资产评估报告签章和资产评估档案保存等做出了明确规定。

第三，明确规范了资产评估报告的使用限制：一是规定资产评估报告使用范围，明确委托人或者其他资产评估报告使用人未按照法律、行政法规规定和资产评估报告载明的使用范围使用资产评估报告的，资产评估机构及其资产评估专业人员不承担责任。二是报告使用人限定为委托人、资产评估委托合同中约定的其他资产评估报告使用人和法律、行政法规规定的资产评估报告使用人，明确其他任何机构和个人不能成为资产评估报告的使用人。三是资产评估报告使用人应当正确理解评估结论。评估结论不等同于评估对象可实现价格，评估结论不应当被认为是对评估对象可实现价格的保证。

7. 问：如何做好《基本准则》的实施指导和监督工作？

答：《基本准则》自 2017 年 10 月 1 日起施行，为贯彻落实好《基本准则》，各级财政部门要高度重视、认真组织，把指导和监督《基本准则》实施作为近期资产评估行业管理的重要工作，并做好以下工作：

一是认真做好培训宣传工作。编写《基本准则》讲解材料，组织和指导各级财政部门、地方资产评估协会对资产评估机构及其专业人员进行系统培训。各级财政部门和地方资产评估协会要充分利用各种传播渠道，通过生动有效的形式在行业内外做好《基本准则》宣传，主动答疑释惑，回应各方关切，营造有利于《基本准则》贯彻实施的良好氛围。

二是完善相关配套制度。各级财政部门要根据《基本准则》要求加强对资产评估业务的管理制度建设，强化对资产评估机构及其专业人员执业行为监管。中国资产评估协会按照资产评估法和《基本准则》要求，出台资产评估执业准则和职业道德准则，形成完善配套的资产评估准则体系，并加强培训。

三是加强组织实施。各级财政部门和资产评估协会要指导资产评估机构及其评估专业人员做好准则实施工作；资产评估机构应切实承担主体责任，及时完善资产评估执业管理的内部标准、流程和制度，将准则的要求落到实处。

贯彻资产评估法　完善资产评估准则

中国资产评估协会副会长　秘书长　张国春

资产评估准则是评估机构和评估专业人员开展资产评估业务的行为标准，是监管部门评价资产评估业务质量的重要尺度，是评估报告使用人理解评估结论的重要依据。《资产评估法》9处提到资产评估准则，提升了准则地位，也对准则提出了新的要求。为贯彻落实《资产评估法》，践行法律赋予的责任，促进资产评估行业依法执业，中国资产评估协会（以下简称中评协）在财政部组织和指导下，依据新颁布的《资产评估基本准则》对现有资产评估准则进行了全面修订，使资产评估准则体现了与时俱进的特色，内容和体系得到进一步完善。

一、资产评估准则修订的背景

10多年来，在行业内外的共同努力下，中国资产评估准则建设取得丰硕成果，已形成覆盖资产评估主要执业领域、符合国情、国际趋同的较为完整的准则体系，对规范执业行为、促进行业发展、提升行业公信力发挥了重要作用。当前，资产评估准则实施环境在法律、监管、实践等方面发生重大变化，为此中评协启动了准则修订工作。

（一）《资产评估法》的要求

《资产评估法》规定，评估机构及其评估专业人员开展业务应当遵守评估准则；国务院有关行政管理部门组织制定评估基本准则，行业协会依据评估基本准则制定评估执业准则和职业道德准则；评估机构和评估专业人员违反评估准则需要承担相应的法律责任。同时《资产评估法》还对评估方法、评估程序等准则中的具体内容做出了规定。资产评估准则需要与《资产评估法》衔接。

（二）评估实践的要求

资产评估行业作为专业服务行业，需要以专业赢得市场，以专业赢得尊重。资产评估准则是重要的支撑。随着全面深化改革的持续推进，资产评估服务的市场属性进一步显现，资产评估服务的市场范围进一步拓宽，资产类型进一步增加。市场化发展对资产评估准则的专业性提出了更高的要求，需要及时地更新和完善。另外，资产评估准则经过多年实践的检验，准则中部分不适应资产评估发展的地方逐渐显现，需要及时更新和完善。

（三）加强监管的要求

《资产评估行业财政监督管理办法》（财政部86号令）规定，财政部门根据法律和行政法规的规定以资产评估准则为依据，对评估单项资产、资产组合、企业价值、金融权益、资产损失或者其他经济权益价值并出具资产评估报告的专业服务行为进行检查。在监管强度增加、监管方式改变的环境下，资产评估准则需要针对资产评估报告、资产评估程序、资产评估档案等重点监管环节细化准则条款，增加准则的可操作性。

（四）完善准则体系的要求

自 2001 年第一项资产评估准则发布，到后来陆续发布新的资产评估准则，至今已经 16 年。多年来，国际主要评估准则经过了多次修订，我国资产评估准则一直未进行全面修订和整合。由于部分准则发布较早，受发布时的政策市场环境、评估理论技术认识所限，有些准则条款不够完善，有些准则条款文字表述不够准确；资产评估准则逐年逐项发布也导致了准则间有些内容的交错重叠，有的格式不统一，不利于准则间的协调。为加强准则建设，需要对准则内容和准则体系进行完善。

二、资产评估准则修订的原则

资产评估准则修订工作涉及面广、工作量大、专业性强、兼具复杂性和系统性，为了保证准则修订质量，准则修订工作坚持了下列原则。

（一）保护当事人的合法权益和公共利益

资产评估在社会经济活动中发现、揭示资产价值，为经济行为实现提供资产价值专业意见。资产评估机构及其资产评估专业人员既要履行资产评估委托合同约定的义务，又要自觉维护社会公共利益。资产评估准则需要以保护资产评估当事人的合法权益和公共利益为出发点，规范资产评估业务行为和职业道德行为。

（二）有效衔接法律法规

《资产评估法》和财政部 86 号令都要求资产评估机构及其资产评估专业人员开展业务应当遵守法律、行政法规和评估准则，资产评估准则应体现法律法规和资产评估监管主体的相关要求。以《资产评估法》为依据，结合 86 号令的规定，在制定理念、专业术语使用和内容表述等方面保持协调统一。

（三）吸收理论和实践的最新成果

资产评估准则修订要注重吸收评估理论和实践发展成果，研究和借鉴国内外相关评估业务标准和准则的经验，关注当前评估市场及业务特点，探索解决执业中遇到的重点、难点问题，体现资产评估准则修订的专业水准。修订时应保留已实施准则中符合行业实际、行之有效的内容，保持准则体系和内容基本稳定；增加和调整因市场、法律和专业环境变化而确有必要补充和调整的内容，从立足行业整体发展着眼进行修改完善。

三、资产评估准则修订的过程

准则修订工作是财政部和中评协落实资产评估法，开展资产评估法配套制度建设的重点工作。财政部党组成员、部长助理许宏才同志非常重视准则在规范资产评估行为，服务行业监管中的作用，多次做出重要指示，要求修订工作要与资产评估法衔接、与财政部 86 号令对接，要重视主要监管部门和行业的意见，并且在准则定位、准则内容上给予了具体指导。中评协也将准则修订工作作为协会的重点工作，集中召开了 20 多次的现场专家讨论会，并以电话会议、通信等形式开展了100多次的专业研讨活动，形成了近30版修订建议稿，吸收了近2000条修订意见。

（一）修订技术准备。2014～2016年，配合全国人大常委会审议资产评估法、资产评估职业资格制度改革、资产评估机构管理方式改革等工作，中评协以向地方协会下发通知征集意见、开展实地调研、召开座谈会等形式收集准则修订需求。通过组织院校学者和业内专家研讨，梳理修订需求并分类，为准则修订工作进行了必要的技术准备。

（二）准则条款修订。《资产评估法》发布后，财政部和中评协成立7个准则修订项目组，在前期技术准备的基础上，与《资产评估法》衔接，与86号令对接，开展了具体的修订工作，形成了准则公开征求意见稿。

（三）公开征求意见。2016年10月，财政部就基本准则修订征求意见稿、中评协就26项执业准则和职业道德准则修订征求意见稿向社会各界公开征求意见。中评协还向其他业务主管部门定向发函征集意见。49个部委、18个地方财政厅（局）、34个地方协会通过回函、邮件、电话等形式回复了近3000条反馈意见，中评协组织专家组对反馈意见逐条研究，在公开征求意见稿的基础上修改和完善形成了审议稿。

（四）准则委员会审议。审议稿经财政部资产评估准则委员会、中评协资产评估准则技术委员会和咨询委员会审议，并就专家提出的意见进行修改和完善，形成拟发稿。

中评协通过技术准备、条款修订、公开征求意见、审议等过程，使业务监管方、业内专家、院校学者、报告使用人、资产评估专业人员等相关各方都参与到准则修订工作中，充分反映了法律法规、业务监管、评估理论和实践的要求，圆满完成了准则修订工作。新发布的准则凝聚了广大专家学者的智慧和心血，体现了政府部门、行业协会、报告使用人和广大资产评估专业人员对资产评估行业的重视和关爱。

四、资产评估准则主要修订内容

根据《资产评估法》和相关法律法规的要求，本次准则修订工作主要从每项准则自身、准则间的协调和准则整个体系构建三个角度入手，在准则制定理念、专业术语使用和内容表述等方面做出了修改，基本实现了从体系、内容到文字和格式的全面优化。

（一）调整准则体系

修订前，准则体系由28项准则组成，包括业务准则和职业道德准则两部分，业务准则分为基本准则、具体准则、评估指南、指导意见四个层次，职业道德准则分为基本准则和具体准则两个层次。其中业务准则共26项，职业道德准则2项。

修订后，准则体系由27项准则组成，包括基本准则、执业准则和职业道德准则三个部分，其中执业准则为具体准则、评估指南、指导意见等一系列准则。财政部制定基本准则，中评协根据基本准则制定执业准则和职业道德准则。目前执业准则共25项。

（二）调整准则规范主体

修订前，准则规范的主体为"注册资产评估师"。2014年，资产评估师职业资格制度实施改革，取消注册资产评估师行政许可，《资产评估法》吸收了改革成果。此次修订，将准则规范的主体修订为"资产评估机构"和"资产评估专业人员"，并规定了其内涵，全面涵盖了对机构和人员的要求。其中"资产评估机构"特指财政部门备案的评估机构，法定评估业务的规范主体为“资产评估师”。

（三）聚焦业务要求

在资产评估行业发展的过程中，因制度体系的不完善，资产评估准则中包含了部分行政管理和其他自律管理制度规范的内容，此次修订将资产评估机构资质管理、资产评估师会员管理、资产评估机构法定代表人（合伙人）签字或其授权人员签字等内容删除，明确资产评估准则主要规范资产评估执业行为，目的是建立评估服务提供过程中的操作标准，不涉及前期的主体管理和后期的违规惩戒。

（四）明确准则适用范围

修订后，明确规定资产评估机构及其资产评估专业人员根据委托对单项资产、资产组合、企业价值、金融权益、资产损失或者其他经济权益进行评定、估算，接受财政部监管，以“资产评估报告”名义出具书面专业报告，应遵守资产评估准则，涉及法律、行政法规和国务院规定由其他评估行政管理部门管理的，按照其他有关规定执行。

（五）完善评估程序要求

资产评估准则完善了评估程序要求，要求依法对在资产评估活动中使用的有关文件、证明及其他资料进行核查和验证，并对核查和验证方式进行了列举，对因法律法规规定、客观条件限制无法实施核查和验证的处理方式进行了规定。要求重大或者特殊项目的评估档案归档时限不晚于资产评估结论有效期届满后30日。要求资产评估档案自资产评估报告日起保存期限不少于15年；属于法定资产评估业务的，不少于30年等。

（六）明确评估方法选择范围

《资产评估法》规定，除依据评估执业准则规定只能选择一种评估方法外，应当选择两种以上评估方法。资产评估准则按照《资产评估法》要求对资产评估方法选择做出规定，同时将《资产评估法》要求的资产评估方法的范围明确为三种基本评估方法及其衍生方法。

（七）调整出具评估报告要求

修订后，在资产评估报告声明中强调依据准则编制，在声明中增加使用人、使用责任、正确理解评估结论等内容以达到规范和引导评估报告正确使用，避免内容误导的目的。在签章上对法定业务和非法定业务做出差别化规定，承办业务的资产评估专业人员可以在非法定业务资产评估报告上签名，法定业务资产评估报告需承办的资产评估师签名。86号令规定分支机构应当以资产评估机构的名义出具资产评估报告，准则删除以分支机构名义出具报告的规定等。

（八）准则之间格式和内容的协调

此次修订，将实体性准则中涉及评估定义的表述进行统一，删除由于准则发布的时间先后问题导致专项准则与部分实体准则重复的内容，将准则间交错的内容进行调整。另外，在基本准则中提出业务和职业道德的基本要求，在执业准则和职业道德准则中分别做出具体的规定，既涵盖了业务和职业道德的要求，又将两者的要求在准则间进行协调。

（九）文字方面的优化

在准则征集意见过程中，中评协收到了近千条文字优化建议，中评协结合法律法规针对收集的意见进行研究后对大部分合理建议进行吸收，对资产评估相关术语名称、表述进行调整和优化，使表述更加准确，符合专业和文字要求。本次修订涉及文字方面的优化超过800处。

五、多措并举，推动资产评估准则实施

近日，财政部发布了《资产评估基本准则》，中评协也发布了25项执业准则和职业道德准则，《文化企业无形资产评估指导意见》发布时间较短，暂不修订。中评协将采取多种措施，推动资产评估准则的实施。

（一）加强准则宣传

通过报纸、杂志、网络、微信等现代化的宣传媒体，大力宣传修订的内容、背景和意义，宣传新的准则体系，使报告使用者和资产评估行业全面了解准则修订工作情况，了解准则修订与《资产评估法》的关系、与监督管理的关系，营造良好的准则实施环境。

（二）开展准则培训

中评协、地方协会、资产评估机构要结合自身实际开展各种形式的修订后的资产评估准则培训工作，对准则的具体条款、主要修订的内容、准则体系等内容进行培训，形成学习准则、熟悉准则、理解准则、遵守准则、使用准则的浓厚氛围。

（三）开展准则释义

正确理解准则是修订后准则有效贯彻实施的关键。中评协作为准则制定及发布单位，将组织参与准则修订工作的专家学者对准则修订背景、修订过程、主要修改点和创新点以及具体规定的调整内容进行解释，开展准则条款释义工作，对重要准则项目、容易产生歧义的准则条款、特定的概念进行讲解，促进全行业正确理解准则。

（四）建立准则动态更新机制

在准则的实施后，中评协要做好准则实施的跟踪工作，关注实施情况，及时归集准则实施过程中出现的新情况、新问题，制定应对措施及解决方案；并且，根据准则实施反馈情况、国内外评估实践和理论的最新发展、相关监管理念的变化、评估报告使用者的最新需求，建立准则动态更新机制，保证准则质量，增强准则建设的针对性。

（五）加快配套准则的制定

目前，中评协正加快配套准则的制定，配合准则的实施。已经组织专家开展资产评估准则术语研究，挑选准则中独有的概念或者在评估准则中具有特定含义的概念进行定义；开展核查验证程序实务操作研究，为准则建设提供技术性支持，指导执业；同时，启动了评估方法准则和投资价值准则的研究起草工作。

中华人民共和国资产评估法

2016 年 7 月 2 日　中华人民共和国主席令第 46 号

目录

第一章　总　　则

第一条　为了规范资产评估行为，保护资产评估当事人合法权益和公共利益，促进资产评估行业健康发展，维护社会主义市场经济秩序，制定本法。

第二条　本法所称资产评估（以下称评估），是指评估机构及其评估专业人员根据委托对不动产、动产、无形资产、企业价值、资产损失或者其他经济权益进行评定、估算，并出具评估报告的专业服务行为。

第三条　自然人、法人或者其他组织需要确定评估对象价值的，可以自愿委托评估机构评估。

涉及国有资产或者公共利益等事项，法律、行政法规规定需要评估的（以下称法定评估），应当依法委托评估机构评估。

第四条　评估机构及其评估专业人员开展业务应当遵守法律、行政法规和评估准则，遵循独立、客观、公正的原则。

评估机构及其评估专业人员依法开展业务，受法律保护。

第五条　评估专业人员从事评估业务，应当加入评估机构，并且只能在一个评估机构从事业务。

第六条　评估行业可以按照专业领域依法设立行业协会，实行自律管理，并接受有关评估行政管理部门的监督和社会监督。

第七条 国务院有关评估行政管理部门按照各自职责分工，对评估行业进行监督管理。

设区的市级以上地方人民政府有关评估行政管理部门按照各自职责分工，对本行政区域内的评估行业进行监督管理。

第二章 评估专业人员

第八条 评估专业人员包括评估师和其他具有评估专业知识及实践经验的评估从业人员。

评估师是指通过评估师资格考试的评估专业人员。国家根据经济社会发展需要确定评估师专业类别。

第九条 有关全国性评估行业协会按照国家规定组织实施评估师资格全国统一考试。

具有高等院校专科以上学历的公民，可以参加评估师资格全国统一考试。

第十条 有关全国性评估行业协会应当在其网站上公布评估师名单，并实时更新。

第十一条 因故意犯罪或者在从事评估、财务、会计、审计活动中因过失犯罪而受刑事处罚，自刑罚执行完毕之日起不满五年的人员，不得从事评估业务。

第十二条 评估专业人员享有下列权利：

（一）要求委托人提供相关的权属证明、财务会计信息和其他资料，以及为执行公允的评估程序所需的必要协助；

（二）依法向有关国家机关或者其他组织查阅从事业务所需的文件、证明和资料；

（三）拒绝委托人或者其他组织、个人对评估行为和评估结果的非法干预；

（四）依法签署评估报告；

（五）法律、行政法规规定的其他权利。

第十三条 评估专业人员应当履行下列义务：

（一）诚实守信，依法独立、客观、公正从事业务；

（二）遵守评估准则，履行调查职责，独立分析估算，勤勉谨慎从事业务；

（三）完成规定的继续教育，保持和提高专业能力；

（四）对评估活动中使用的有关文件、证明和资料的真实性、准确性、完整性进行核查和验证；

（五）对评估活动中知悉的国家秘密、商业秘密和个人隐私予以保密；

（六）与委托人或者其他相关当事人及评估对象有利害关系的，应当回避；

（七）接受行业协会的自律管理，履行行业协会章程规定的义务；

（八）法律、行政法规规定的其他义务。

第十四条 评估专业人员不得有下列行为：

（一）私自接受委托从事业务、收取费用；

（二）同时在两个以上评估机构从事业务；

（三）采用欺骗、利诱、胁迫，或者贬损、诋毁其他评估专业人员等不正当手段招揽业务；

（四）允许他人以本人名义从事业务，或者冒用他人名义从事业务；

（五）签署本人未承办业务的评估报告；

（六）索要、收受或者变相索要、收受合同约定以外的酬金、财物，或者谋取其他不正当利益；

（七）签署虚假评估报告或者有重大遗漏的评估报告；

（八）违反法律、行政法规的其他行为。

第三章　评估机构

第十五条　评估机构应当依法采用合伙或者公司形式，聘用评估专业人员开展评估业务。

合伙形式的评估机构，应当有两名以上评估师；其合伙人三分之二以上应当是具有三年以上从业经历且最近三年内未受停止从业处罚的评估师。

公司形式的评估机构，应当有八名以上评估师和两名以上股东，其中三分之二以上股东应当是具有三年以上从业经历且最近三年内未受停止从业处罚的评估师。

评估机构的合伙人或者股东为两名的，两名合伙人或者股东都应当是具有三年以上从业经历且最近三年内未受停止从业处罚的评估师。

第十六条　设立评估机构，应当向工商行政管理部门申请办理登记。评估机构应当自领取营业执照之日起三十日内向有关评估行政管理部门备案。评估行政管理部门应当及时将评估机构备案情况向社会公告。

第十七条　评估机构应当依法独立、客观、公正开展业务，建立健全质量控制制度，保证评估报告的客观、真实、合理。

评估机构应当建立健全内部管理制度，对本机构的评估专业人员遵守法律、行政法规和评估准则的情况进行监督，并对其从业行为负责。

评估机构应当依法接受监督检查，如实提供评估档案以及相关情况。

第十八条　委托人拒绝提供或者不如实提供执行评估业务所需的权属证明、财务会计信息和其他资料的，评估机构有权依法拒绝其履行合同的要求。

第十九条　委托人要求出具虚假评估报告或者有其他非法干预评估结果情形的，评估机构有权解除合同。

第二十条　评估机构不得有下列行为：

（一）利用开展业务之便，谋取不正当利益；

（二）允许其他机构以本机构名义开展业务，或者冒用其他机构名义开展业务；

（三）以恶性压价、支付回扣、虚假宣传，或者贬损、诋毁其他评估机构等不正当手段招揽业务；

（四）受理与自身有利害关系的业务；

（五）分别接受利益冲突双方的委托，对同一评估对象进行评估；

（六）出具虚假评估报告或者有重大遗漏的评估报告；

（七）聘用或者指定不符合本法规定的人员从事评估业务；

（八）违反法律、行政法规的其他行为。

第二十一条　评估机构根据业务需要建立职业风险基金，或者自愿办理职业责任保险，完善风险防范机制。

第四章 评估程序

第二十二条 委托人有权自主选择符合本法规定的评估机构，任何组织或者个人不得非法限制或者干预。

评估事项涉及两个以上当事人的，由全体当事人协商委托评估机构。

委托开展法定评估业务，应当依法选择评估机构。

第二十三条 委托人应当与评估机构订立委托合同，约定双方的权利和义务。

委托人应当按照合同约定向评估机构支付费用，不得索要、收受或者变相索要、收受回扣。

委托人应当对其提供的权属证明、财务会计信息和其他资料的真实性、完整性和合法性负责。

第二十四条 对受理的评估业务，评估机构应当指定至少两名评估专业人员承办。

委托人有权要求与相关当事人及评估对象有利害关系的评估专业人员回避。

第二十五条 评估专业人员应当根据评估业务具体情况，对评估对象进行现场调查，收集权属证明、财务会计信息和其他资料并进行核查验证、分析整理，作为评估的依据。

第二十六条 评估专业人员应当恰当选择评估方法，除依据评估执业准则只能选择一种评估方法外，应当选择两种以上评估方法，经综合分析，形成评估结论，编制评估报告。

评估机构应当对评估报告进行内部审核。

第二十七条 评估报告应当由至少两名承办该项业务的评估专业人员签名并加盖评估机构印章。

评估机构及其评估专业人员对其出具的评估报告依法承担责任。

委托人不得串通、唆使评估机构或者评估专业人员出具虚假评估报告。

第二十八条 评估机构开展法定评估业务，应当指定至少两名相应专业类别的评估师承办，评估报告应当由至少两名承办该项业务的评估师签名并加盖评估机构印章。

第二十九条 评估档案的保存期限不少于十五年，属于法定评估业务的，保存期限不少于三十年。

第三十条 委托人对评估报告有异议的，可以要求评估机构解释。

第三十一条 委托人认为评估机构或者评估专业人员违法开展业务的，可以向有关评估行政管理部门或者行业协会投诉、举报，有关评估行政管理部门或者行业协会应当及时调查处理，并答复委托人。

第三十二条 委托人或者评估报告使用人应当按照法律规定和评估报告载明的使用范围使用评估报告。

委托人或者评估报告使用人违反前款规定使用评估报告的，评估机构和评估专业人员不承担责任。

第五章 行业协会

第三十三条 评估行业协会是评估机构和评估专业人员的自律性组织，依照法律、行政法规和章程实行自律管理。

评估行业按照专业领域设立全国性评估行业协会，根据需要设立地方性评估行业协会。

第三十四条 评估行业协会的章程由会员代表大会制定，报登记管理机关核准，并报有关评估行政管理部门备案。

第三十五条 评估机构、评估专业人员加入有关评估行业协会，平等享有章程规定的权利，履行章程规定的义务。有关评估行业协会公布加入本协会的评估机构、评估专业人员名单。

第三十六条 评估行业协会履行下列职责：

（一）制定会员自律管理办法，对会员实行自律管理；

（二）依据评估基本准则制定评估执业准则和职业道德准则；

（三）组织开展会员继续教育；

（四）建立会员信用档案，将会员遵守法律、行政法规和评估准则的情况记入信用档案，并向社会公开；

（五）检查会员建立风险防范机制的情况；

（六）受理对会员的投诉、举报，受理会员的申诉，调解会员执业纠纷；

（七）规范会员从业行为，定期对会员出具的评估报告进行检查，按照章程规定对会员给予奖惩，并将奖惩情况及时报告有关评估行政管理部门；

（八）保障会员依法开展业务，维护会员合法权益；

（九）法律、行政法规和章程规定的其他职责。

第三十七条 有关评估行业协会应当建立沟通协作和信息共享机制，根据需要制定共同的行为规范，促进评估行业健康有序发展。

第三十八条 评估行业协会收取会员会费的标准，由会员代表大会通过，并向社会公开。不得以会员交纳会费数额作为其在行业协会中担任职务的条件。

会费的收取、使用接受会员代表大会和有关部门的监督，任何组织或者个人不得侵占、私分和挪用。

第六章 监督管理

第三十九条 国务院有关评估行政管理部门组织制定评估基本准则和评估行业监督管理办法。

第四十条 设区的市级以上人民政府有关评估行政管理部门依据各自职责，负责监督管理评估行业，对评估机构和评估专业人员的违法行为依法实施行政处罚，将处罚情况及时通报有关评估行业协会，并依法向社会公开。

第四十一条 评估行政管理部门对有关评估行业协会实施监督检查，对检查发现的问题和针对协会的投诉、举报，应当及时调查处理。

第四十二条　评估行政管理部门不得违反本法规定，对评估机构依法开展业务进行限制。

第四十三条　评估行政管理部门不得与评估行业协会、评估机构存在人员或者资金关联，不得利用职权为评估机构招揽业务。

第七章　法律责任

第四十四条　评估专业人员违反本法规定，有下列情形之一的，由有关评估行政管理部门予以警告，可以责令停止从业六个月以上一年以下；有违法所得的，没收违法所得；情节严重的，责令停止从业一年以上五年以下；构成犯罪的，依法追究刑事责任：

（一）私自接受委托从事业务、收取费用的；

（二）同时在两个以上评估机构从事业务的；

（三）采用欺骗、利诱、胁迫，或者贬损、诋毁其他评估专业人员等不正当手段招揽业务的；

（四）允许他人以本人名义从事业务，或者冒用他人名义从事业务的；

（五）签署本人未承办业务的评估报告或者有重大遗漏的评估报告的；

（六）索要、收受或者变相索要、收受合同约定以外的酬金、财物，或者谋取其他不正当利益的。

第四十五条　评估专业人员违反本法规定，签署虚假评估报告的，由有关评估行政管理部门责令停止从业两年以上五年以下；有违法所得的，没收违法所得；情节严重的，责令停止从业五年以上十年以下；构成犯罪的，依法追究刑事责任，终身不得从事评估业务。

第四十六条　违反本法规定，未经工商登记以评估机构名义从事评估业务的，由工商行政管理部门责令停止违法活动；有违法所得的，没收违法所得，并处违法所得一倍以上五倍以下罚款。

第四十七条　评估机构违反本法规定，有下列情形之一的，由有关评估行政管理部门予以警告，可以责令停业一个月以上六个月以下；有违法所得的，没收违法所得，并处违法所得一倍以上五倍以下罚款；情节严重的，由工商行政管理部门吊销营业执照；构成犯罪的，依法追究刑事责任：

（一）利用开展业务之便，谋取不正当利益的；

（二）允许其他机构以本机构名义开展业务，或者冒用其他机构名义开展业务的；

（三）以恶性压价、支付回扣、虚假宣传，或者贬损、诋毁其他评估机构等不正当手段招揽业务的；

（四）受理与自身有利害关系的业务的；

（五）分别接受利益冲突双方的委托，对同一评估对象进行评估的；

（六）出具有重大遗漏的评估报告的；

（七）未按本法规定的期限保存评估档案的；

（八）聘用或者指定不符合本法规定的人员从事评估业务的；

（九）对本机构的评估专业人员疏于管理，造成不良后果的。

评估机构未按本法规定备案或者不符合本法第十五条规定的条件的，由有关评估行政管理部门责令改正；拒不改正的，责令停业，可以并处一万元以上五万元以下罚款。

第四十八条　评估机构违反本法规定，出具虚假评估报告的，由有关评估行政管理部门责令停业六个月以上一年以下；有违法所得的，没收违法所得，并处违法所得一倍以上五倍以下罚款；情节严重的，由工商行政管理部门吊销营业执照；构成犯罪的，依法追究刑事责任。

第四十九条　评估机构、评估专业人员在一年内累计三次因违反本法规定受到责令停业、责令停止从业以外处罚的，有关评估行政管理部门可以责令其停业或者停止从业一年以上五年以下。

第五十条　评估专业人员违反本法规定，给委托人或者其他相关当事人造成损失的，由其所在的评估机构依法承担赔偿责任。评估机构履行赔偿责任后，可以向有故意或者重大过失行为的评估专业人员追偿。

第五十一条　违反本法规定，应当委托评估机构进行法定评估而未委托的，由有关部门责令改正；拒不改正的，处十万元以上五十万元以下罚款；情节严重的，对直接负责的主管人员和其他直接责任人员依法给予处分；造成损失的，依法承担赔偿责任；构成犯罪的，依法追究刑事责任。

第五十二条　违反本法规定，委托人在法定评估中有下列情形之一的，由有关评估行政管理部门会同有关部门责令改正；拒不改正的，处十万元以上五十万元以下罚款；有违法所得的，没收违法所得；情节严重的，对直接负责的主管人员和其他直接责任人员依法给予处分；造成损失的，依法承担赔偿责任；构成犯罪的，依法追究刑事责任：

（一）未依法选择评估机构的；

（二）索要、收受或者变相索要、收受回扣的；

（三）串通、唆使评估机构或者评估师出具虚假评估报告的；

（四）不如实向评估机构提供权属证明、财务会计信息和其他资料的；

（五）未按照法律规定和评估报告载明的使用范围使用评估报告的。

前款规定以外的委托人违反本法规定，给他人造成损失的，依法承担赔偿责任。

第五十三条　评估行业协会违反本法规定的，由有关评估行政管理部门给予警告，责令改正；拒不改正的，可以通报登记管理机关，由其依法给予处罚。

第五十四条　有关行政管理部门、评估行业协会工作人员违反本法规定，滥用职权、玩忽职守或者徇私舞弊的，依法给予处分；构成犯罪的，依法追究刑事责任。

第八章　附　　则

第五十五条　本法自2016年12月1日起施行。

资产评估行业财政监督管理办法

2017 年 4 月 21 日　中华人民共和国财政部令第 86 号

第一章　总　则

第一条　为了加强资产评估行业财政监督管理，促进资产评估行业健康发展，根据《中华人民共和国资产评估法》（以下简称资产评估法）等法律、行政法规和国务院的有关规定，制定本办法。

第二条　资产评估机构及其资产评估专业人员根据委托对单项资产、资产组合、企业价值、金融权益、资产损失或者其他经济权益进行评定、估算，并出具资产评估报告的专业服务行为和财政部门对资产评估行业实施监督管理，适用本办法。

资产评估机构及其资产评估专业人员从事前款规定业务，涉及法律、行政法规和国务院规定由其他评估行政管理部门管理的，按照其他有关规定执行。

第三条　涉及国有资产或者公共利益等事项，属于本办法第二条规定范围有法律、行政法规规定需要评估的法定资产评估业务（以下简称“法定资产评估业务”），委托人应当按照资产评估法和有关法律、行政法规的规定，委托资产评估机构进行评估。

第四条　财政部门对资产评估行业的监督管理，实行行政监管、行业自律与机构自主管理相结合的原则。

第五条　财政部负责统筹财政部门对全国资产评估行业的监督管理，制定有关监督管理办法和资产评估基本准则，指导和督促地方财政部门实施监督管理。

财政部门对资产评估机构从事证券期货相关资产评估业务实施的监督管理，由财政部负责。

第六条　各省、自治区、直辖市、计划单列市财政厅（局）（以下简称省级财政部门）负责对本行政区域内资产评估行业实施监督管理。

第七条　中国资产评估协会依照法律、行政法规、本办法和其协会章程的规定，负责全国资产评估行业的自律管理。

地方资产评估协会依照法律、法规、本办法和其协会章程的规定，负责本地区资产评估行业的自律管理。

第八条　资产评估机构从事资产评估业务，除本办法第十六条规定外，依法不受行政区域、行业限制，任何组织或者个人不得非法干预。

第二章　资产评估专业人员

第九条　资产评估专业人员包括资产评估师（含珠宝评估专业，下同）和具有资产评估专业知识及实践经验的其他资产评估从业人员。

资产评估师是指通过中国资产评估协会组织实施的资产评估师资格全国统一考试的资产评估专业人员。

其他资产评估从业人员从事本办法第二条规定的资产评估业务，应当接受财政部门的监管。除从事法定资产评估业务外，其所需的资产评估专业知识及实践经验，由资产评估机构自主评价认定。

由其他评估行政管理部门管理的其他专业领域评估师从事本办法第二条规定的资产评估业务，按照本条第三款规定执行。

第十条　资产评估专业人员从事资产评估业务，应当加入资产评估机构，并且只能在一个资产评估机构从事业务。

资产评估专业人员应当与资产评估机构签订劳动合同，建立社会保险缴纳关系，按照国家有关规定办理人事档案存放手续。

第十一条　资产评估专业人员从事资产评估业务，应当遵守法律、行政法规和本办法的规定，执行资产评估准则及资产评估机构的各项规章制度，依法签署资产评估报告，不得签署本人未承办业务的资产评估报告或者有重大遗漏的资产评估报告。

未取得资产评估师资格的人员，不得签署法定资产评估业务资产评估报告，其签署的法定资产评估业务资产评估报告无效。

第十二条　资产评估专业人员应当接受资产评估协会的自律管理和所在资产评估机构的自主管理，不得从事损害资产评估机构合法利益的活动。

加入资产评估协会的资产评估专业人员，平等享有章程规定的权利，履行章程规定的义务。

第三章　资产评估机构

第一节　机构自主管理

第十三条　资产评估机构应当依法采用合伙或者公司形式，并符合资产评估法第十五条规定的条件。

不符合资产评估法第十五条规定条件的资产评估机构不得承接资产评估业务。

第十四条　资产评估机构从事资产评估业务，应当遵守资产评估准则，履行资产评估程序，加强内部审核，严格控制执业风险。

资产评估机构开展法定资产评估业务，应当指定至少两名资产评估师承办。不具备两名以上资产评估师条件的资产评估机构，不得开展法定资产评估业务。

第十五条　法定资产评估业务资产评估报告应当由两名以上承办业务的资产评估师签

署，并履行内部程序后加盖资产评估机构印章，资产评估机构及签字资产评估师依法承担责任。

第十六条 资产评估机构应当遵守独立性原则和资产评估准则规定的资产评估业务回避要求，不得受理与其合伙人或者股东存在利害关系的业务。

第十七条 资产评估机构应当建立健全质量控制制度和内部管理制度。其中，内部管理制度包括资产评估业务管理制度、业务档案管理制度、人事管理制度、继续教育制度、财务管理制度等。

第十八条 资产评估机构应当指定一名取得资产评估师资格的本机构合伙人或者股东专门负责执业质量控制。

第十九条 资产评估机构根据业务需要建立职业风险基金管理制度，或者自愿购买职业责任保险，完善职业风险防范机制。

资产评估机构建立职业风险基金管理制度的，按照财政部的具体规定提取、管理和使用职业风险基金。

第二十条 实行集团化发展的资产评估机构，应当在质量控制、内部管理、客户服务、企业形象、信息化等方面，对设立的分支机构实行统一管理，或者对集团成员实行统一政策。

分支机构应当在资产评估机构授权范围内，依法从事资产评估业务，并以资产评估机构的名义出具资产评估报告。

第二十一条 资产评估机构和分支机构加入资产评估协会，平等享有章程规定的权利，履行章程规定的义务。

第二十二条 资产评估机构和分支机构应当在每年 3 月 31 日之前，分别向所加入的资产评估协会报送下列材料：

（一）资产评估机构或分支机构基本情况；

（二）上年度资产评估项目重要信息；

（三）资产评估机构建立职业风险基金或者购买职业责任保险情况。购买职业责任保险的，应当提供职业责任保险保单复印件。

第二节 机构备案管理

第二十三条 省级财政部门负责本地区资产评估机构和分支机构的备案管理。

第二十四条 资产评估机构应当自领取营业执照之日起 30 日内，通过备案信息管理系统向所在地省级财政部门备案，同时提交下列纸质材料：

（一）资产评估机构备案表；

（二）营业执照复印件；

（三）经工商行政管理机关登记的合伙协议或公司章程；

（四）资产评估机构合伙人或者股东以及执行合伙事务的合伙人或者法定代表人三年以上从业经历、最近三年接受处罚信息等基本情况；

（五）在该机构从业的资产评估师、其他专业领域的评估师和其他资产评估从业人员情况；

（六）资产评估机构质量控制制度和内部管理制度。

第二十五条 资产评估机构的备案信息不齐全或者备案材料不符合要求的，省级财政部门应当在接到备案材料5个工作日内一次性告知需要补正的全部内容，并给予指导。资产评估机构应当根据要求，在15个工作日内补正。逾期不补正的，视同未备案。

第二十六条 备案材料完备且符合要求的，省级财政部门收齐备案材料即完成备案，并在20个工作日内将下列信息以公函编号向社会公开：

（一）资产评估机构名称及组织形式；

（二）资产评估机构的合伙人或者股东的基本情况；

（三）资产评估机构执行合伙事务的合伙人或者法定代表人；

（四）申报的资产评估专业人员基本情况。

对于资产评估机构申报的资产评估师信息，省级财政部门应当在公开前向有关资产评估协会核实。

第二十七条 资产评估机构设立分支机构的，应当比照本办法第二十四条至第二十六条的规定，由资产评估机构向其分支机构所在地省级财政部门备案，同时提交下列纸质材料：

（一）资产评估机构设立分支机构备案表；

（二）分支机构营业执照复印件；

（三）资产评估机构授权分支机构的业务范围；

（四）分支机构负责人三年以上从业经历、最近三年接受处罚信息等基本情况；

（五）在该分支机构从业的资产评估师、其他专业领域评估师和其他资产评估从业人员情况。

完成分支机构备案的省级财政部门应当将分支机构备案情况向社会公开，同时告知资产评估机构所在地省级财政部门。

第二十八条 资产评估机构的名称、执行合伙事务的合伙人或者法定代表人、合伙人或者股东、分支机构的名称或者负责人发生变更，以及发生机构分立、合并、转制、撤销等重大事项，应当自变更之日起15个工作日内，比照本办法第二十四条至第二十六条的规定，向有关省级财政部门办理变更手续。需要变更工商登记的，自工商变更登记完成之日起15个工作日内向有关省级财政部门办理变更手续。

第二十九条 资产评估机构办理合并或者分立变更手续的，应当提供合并或者分立协议。合并或者分立协议应当包括以下事项：

（一）合并或者分立前资产评估机构评估业务档案保管方案；

（二）合并或者分立前资产评估机构职业风险基金或者执业责任保险的处理方案；

（三）合并或者分立前资产评估机构资产评估业务、执业责任的承继关系。

第三十条 合伙制资产评估机构转为公司制资产评估机构，或者公司制资产评估机构转为合伙制资产评估机构，办理变更手续应当提供合伙人会议或股东（大）会审议通过的转制决议。

转制决议应当载明转制后机构与转制前机构的债权债务、档案保管、资产评估业务、执业责任等承继关系。

第三十一条 资产评估机构跨省级行政区划迁移经营场所，应当书面告知迁出地省级财政部门。

资产评估机构在办理完迁入地工商登记手续后15个工作日内，比照本办法第二十四条至第二十六条的规定，向迁入地省级财政部门办理迁入备案手续。

迁入地省级财政部门办理迁入备案手续后通知迁出地的省级财政部门，迁出地的省级财政部门应同时予以公告。

第三十二条　已完成备案的资产评估机构或者分支机构有下列行为之一的，省级财政部门予以注销备案，并向社会公开：

（一）注销工商登记的；

（二）被工商行政管理机关吊销营业执照的；

（三）主动要求注销备案的。

第三十三条　注销备案的资产评估机构及其分支机构的资产评估业务档案，应当按照《中华人民共和国档案法》和资产评估档案管理的有关规定予以妥善保存。

第三十四条　财政部建立统一的备案信息管理系统。备案信息管理系统实行全国联网，并与其他相关行政管理部门实行信息共享。

第三十五条　资产评估机构未按本办法规定备案的，依法承担法律责任。

第四章　资产评估协会

第三十六条　资产评估协会是资产评估机构和资产评估专业人员的自律性组织，接受有关财政部门的监督，不得损害国家利益和社会公共利益，不得损害会员的合法权益。

第三十七条　资产评估协会通过制定章程规范协会内部管理和活动。协会章程应当由会员代表大会制定，经登记管理机关核准后，报有关财政部门备案。

第三十八条　资产评估协会应当依法履行职责，向有关财政部门提供资产评估师信息，及时向有关财政部门报告会员信用档案、会员自律检查情况及奖惩情况。

第三十九条　资产评估协会对资产评估机构及其资产评估专业人员进行自律检查。资产评估机构及其资产评估专业人员应当配合资产评估协会组织实施的自律检查。

资产评估协会应当重点检查资产评估机构及其资产评估专业人员的执业质量和职业风险防范机制。

第四十条　资产评估协会应当结合自律检查工作，对资产评估机构及其分支机构按照本办法第二十二条规定报送的材料进行分析，发现不符合法律、行政法规和本办法规定的情况，及时向有关财政部门报告。

第四十一条　资产评估协会应当与其他评估专业领域行业协会加强沟通协作，建立会员、执业、惩戒等相关信息的共享机制。

中国资产评估协会应当会同其他评估专业领域行业协会根据需要制定共同的行为规范，促进评估行业健康有序发展。

第五章　监督检查

第四十二条　财政部统一部署对资产评估行业的监督检查，主要负责以下工作：

（一）制定资产评估专业人员、资产评估机构、资产评估协会和相关资产评估业务监督检查的具体办法；

（二）组织开展资产评估执业质量专项检查；

（三）监督检查资产评估机构从事证券期货相关资产评估业务情况；

（四）检查中国资产评估协会履行资产评估法第三十六条规定的职责情况，并根据工作需要，对地方资产评估协会履行职责情况进行抽查；

（五）指导和督促地方财政部门对资产评估行业的监督检查，并对其检查情况予以抽查。

对本条第一款第三项进行监督检查，必要时，财政部可以会同其他有关部门进行。

第四十三条　省级财政部门开展监督检查，包括年度检查和必要的专项检查，对本行政区域内资产评估机构包括分支机构下列内容进行重点检查，并将检查结果予以公开，同时向财政部报告：

（一）资产评估机构持续符合资产评估法第十五条规定条件的情况；

（二）办理备案情况；

（三）资产评估执业质量情况。

对本条第一款第一项进行检查，必要时，有关财政部门可以会同其他相关评估行政管理部门进行。

第四十四条　省级财政部门对地方资产评估协会实施监督检查，并将检查情况向财政部汇报，重点检查资产评估协会履行以下职责情况：

（一）地方资产评估协会章程的制定、修改情况；

（二）指导会员落实准则情况；

（三）检查会员执业质量情况；

（四）开展会员继续教育、信用档案、风险防范等情况；

（五）机构会员年度信息管理情况。

第四十五条　财政部门开展资产评估行业监督检查，应当由本部门两名以上执法人员组成检查组。具体按照财政检查工作的有关规定执行。

第四十六条　检查时，财政部门认定虚假资产评估报告和重大遗漏资产评估报告，应当以资产评估准则为依据，组织相关专家进行专业技术论证，也可以委托资产评估协会组织专家提供专业技术支持。

第四十七条　检查过程中，财政部和省级财政部门发现资产评估专业人员、资产评估机构和资产评估协会存在违法情形的，应当依照资产评估法等法律、行政法规和本办法的规定处理、处罚。涉嫌犯罪的，移送司法机关处理。

当事人对行政处理、行政处罚决定不服的，可以依法申请行政复议或者提起行政诉讼。

第六章　调查处理

第四十八条　资产评估委托人或资产评估报告使用人对资产评估机构或资产评估专业人员的下列行为，可以向对该资产评估机构备案的省级财政部门进行投诉、举报，其他公民、法人或其他组织可以向对该资产评估机构备案的省级财政部门举报：

（一）违法开展法定资产评估业务的；

（二）资产评估专业人员违反资产评估法第十四条规定的；

（三）资产评估机构未按照本办法规定备案或备案后未持续符合资产评估法第十五条规定条件的；

（四）资产评估机构违反资产评估法第二十条规定的；

（五）资产评估机构违反本办法第十六条规定的；

（六）资产评估机构违反本办法第二十条第二款规定的。

资产评估委托人或资产评估报告使用人投诉、举报资产评估机构出具虚假资产评估报告或者重大遗漏的资产评估报告的，可以先与资产评估机构进行沟通。

第四十九条　在法定资产评估业务中，委托人或被评估单位有资产评估法第五十二条规定行为的，资产评估的相关当事人可以向委托人或被评估单位所在地省级财政部门进行投诉、举报，其他公民、法人或其他组织可以向委托人或被评估单位所在地省级财政部门举报。

由于委托人或被评估单位的行政管理层级不匹配或存在其他原因超出省级财政部门处理权限的，省级财政部门可以申请由财政部受理。

向财政部门投诉、举报事项涉及资产评估机构从事证券期货相关资产评估业务的，由财政部受理。

第五十条　投诉、举报应当通过书面形式实名进行，并如实反映情况，提供相关证明材料。

第五十一条　财政部门接到投诉、举报的事项，应当在15个工作日内作出是否受理的书面决定。投诉、举报事项属于财政部门职责的，财政部门应当予以受理。不予受理的，应当说明理由，及时告知实名投诉人、举报人。

第五十二条　投诉、举报事项属于下列情形的，财政部门不予受理：

（一）投诉、举报事项不属于财政部门职责的；

（二）已由公安机关、检察机关立案调查或者进入司法程序的；

（三）属于资产评估协会自律管理的。

投诉人、举报人就同一事项向财政部门和资产评估协会投诉、举报的，财政部门按照本办法第五十一条和本条第一款的规定处理。

第五十三条　财政部门受理投诉、举报，应当采用书面审查的方式及时进行处理，必要时可以成立由本部门两名以上执法人员和聘用的专家组成的调查组，进行调查取证。有关当事人应当如实反映情况，提供相关材料。

调查组成员与当事人有直接利害关系的，应当回避；对调查工作中知悉的国家秘密和商业秘密，应当保密。

受理的投诉、举报事项同时涉及其他行政管理部门职责的，应当会同其他行政管理部门进行处理。

第五十四条　对投诉、举报的调查，调查组有权进入被投诉举报单位现场调查，查阅、复印有关凭证、文件等资料，询问被投诉举报单位有关人员，必要时按照资产评估业务延伸调查，并将调查内容与事项予以记录和摘录，编制调查工作底稿。

调查组在调查中取得的证据、材料以及工作底稿，应当有提供者或者被调查人的签名或者盖章。未取得提供者或者被调查人签名或者盖章的材料，调查组应当注明原因。

第五十五条　在有关证据可能灭失或者以后难以取得的情况下，经财政部门负责人批准，调查组可以先行登记保存，并应当在7个工作日内及时作出处理决定。被调查人或者有关人员不得销毁或者转移证据。

第五十六条　针对资产评估协会的投诉、举报，财政部和省级财政部门应当及时调查处理。

第五十七条　调查时，财政部门认定虚假资产评估报告和重大遗漏资产评估报告，按照本办法第四十六条规定执行。

第五十八条　经调查发现资产评估专业人员、资产评估机构和资产评估协会存在违法情形的，财政部和省级财政部门按照本办法第四十七条规定予以处理。

第五十九条　财政部门根据调查处理具体情况，应当采取书面形式答复实名投诉人、举报人。

第六十条　对其他有关部门移送的资产评估违法线索或案件，或者资产评估协会按照本办法第四十条规定报告的情况，有关财政部门应当比照本办法第五十二条至第五十八条的规定依法调查处理，并将处理结果告知移送部门或者资产评估协会。

第七章　法律责任

第六十一条　资产评估专业人员有下列行为之一的，由有关省级财政部门予以警告，可以责令停止从业六个月以上一年以下；有违法所得的，没收违法所得；情节严重的，责令停止从业一年以上五年以下；构成犯罪的，移送司法机关处理：

（一）违反本办法第十条第一款的规定，同时在两个以上资产评估机构从事业务的；

（二）违反本办法第十一条第一款的规定，签署本人未承办业务的资产评估报告或者有重大遗漏的资产评估报告的。

资产评估专业人员违反本办法第十二条第一款、第三十九条第一款规定，不接受行业自律管理的，由资产评估协会予以惩戒，记入信用档案；情节严重的，由资产评估协会按照规定取消会员资格，并予以公告。

第六十二条　有下列行为之一的，由对其备案的省级财政部门对资产评估机构予以警告，可以责令停业一个月以上六个月以下；有违法所得的，没收违法所得，并处违法所得一倍以上五倍以下罚款；情节严重的，通知工商行政管理部门依法处理；构成犯罪的，移送司法机关处理：

（一）违反本办法第十一条第二款规定，未取得资产评估师资格的人员签署法定资产评估业务资产评估报告的；

（二）违反本办法第十五条规定，承办并出具法定资产评估业务资产评估报告的资产评估师人数不符合法律规定的；

（三）违反本办法第十六条规定，受理与其合伙人或者股东存在利害关系业务的。

第六十三条　资产评估机构违反本办法第十七条、第十八条、第十九条、第二十条第一款、第二十八条、第三十一条第一款和第二款规定的，由资产评估机构所在地省级财政部门责令改正，并予以警告。

第六十四条　资产评估机构违反本办法第二十条第二款规定造成不良后果的，由其分支机构所在地的省级财政部门责令改正，对资产评估机构及其法定代表人或执行合伙事务的合伙人分别予以警告；没有违法所得的，可以并处资产评估机构一万元以下罚款；有违法所得的，可以并处资产评估机构违法所得一倍以上三倍以下、最高不超过三万元的罚款；同时通知资产评估机构所在地省级财政部门。

第六十五条　资产评估机构未按照本办法第二十四条规定备案或者备案后不符合资产评估法第十五条规定条件的，由资产评估机构所在地省级财政部门责令改正；拒不改正的，责令停业，可以并处一万元以上五万元以下罚款，并通报工商行政管理部门。

资产评估机构未按照本办法第二十七条第一款规定办理分支机构备案的，由其分支机构所在地的省级财政部门责令改正，并对资产评估机构及其法定代表人或者执行合伙事务的合伙人分别予以警告，同时通知资产评估机构所在地的省级财政部门。

第六十六条　资产评估协会有下列行为之一的，由有关财政部门予以警告，责令改正；拒不改正的，可以通报登记管理机关依法处理：

（一）章程不符合资产评估法和本办法规定的；

（二）资产评估协会未依照资产评估法、本办法和其章程的规定履行职责的。

第六十七条　有关财政部门对资产评估机构、资产评估专业人员和资产评估协会的财政处理、处罚情况，应当在15个工作日内向社会公开。

第六十八条　财政部门工作人员在资产评估行业监督管理工作中滥用职权、玩忽职守、徇私舞弊的，按照《中华人民共和国公务员法》、《中华人民共和国行政监察法》等国家有关规定追究相应责任；涉嫌犯罪的，移送司法机关处理。

第八章　附　　则

第六十九条　本办法所称资产评估行业、资产评估专业人员、资产评估机构和资产评估协会是指根据资产评估法和国务院规定，按照职责分工由财政部门监管的资产评估行业、资产评估专业人员、资产评估机构和资产评估协会。

第七十条　外商投资者在中华人民共和国境内设立、参股、入伙资产评估机构或者开展法定资产评估业务，应当依法履行国家安全审查程序。

第七十一条　省级财政部门可结合实际制定具体的实施办法。设区的市级财政部门可以对本行政区域内资产评估行业实施监督管理，具体由省级财政部门根据当地资产评估行业发展状况和设区的市级财政部门具备的监管条件确定。

第七十二条　本办法自2017年6月1日起施行。财政部2011年8月11日发布的《资产评估机构审批和监督管理办法》（财政部令第64号）同时废止。